Treinamento de Resistência Mental Avançado para Fisiculturismo:

Usando a Visualização para Levá-lo ao seu Limite

De

Joseph Correa

Instrutor de Meditação Certificado

COPYRIGHT

© 2016 Finibi Inc

Todos os direitos reservados A reprodução ou tradução de qualquer parte deste trabalho além do permitido pela seção 107 ou 108 da Lei de Direitos Autorais dos Estados Unidos de 1976 sem a permissão do proprietário dos direitos autorais é ilegal.

Esta publicação destina-se a fornecer informações precisas e competentes em relação ao assunto nela abordado. É vendida com o entendimento de que nem o autor nem a editora estão envolvidos na prestação de aconselhamento médico.

Se houver necessidade de aconselhamento médico ou assistência, consulte um médico. Este livro é considerado um guia e não deve ser utilizado de forma prejudicial à saúde. Consulte um médico antes de iniciá-lo para ter certeza que é correto para você.

AGRADECIMENTOS

Para minha família, que esteve ao meu lado e sempre acreditou em mim, em tudo.

Treinamento de Resistência Mental Avançado para Fisiculturismo:

Usando a Visualização para Levá-lo ao seu Limite

De

Joseph Correa

Instrutor de Meditação Certificado

Treinamento de Resistência Mental Avançado para Fisiculturismo

CONTEÚDO

COPYRIGHT

AGRADECIMENTOS

INTRODUÇÃO

SOBRE O AUTOR

O QUE SIGNIFICA VISUALIZAR?

POR QUE VISUALIZAR É IMPORTANTE PARA VOCÊ?

CAPÍTULO 1: VISUALIZAÇÃO PARA APRIMORAMENTO DA PERFORMANCE NO FISICULTURISMO

CAPÍTULO 2: QUANDO USAR A VISUALIZAÇÃO PARA FISICULTURISMO

CAPÍTULO 3: AS MELHORES TÉCNICAS DE MEDITAÇÃO PARA SE PREPARAR PARA VISUALIZAR PARA FISICULTURISMO

CAPÍTULO 4: PREPARANDO-SE PARA VISUALIZAR, CRIANDO O AMBIENTE CERTO

CAPÍTULO 5: TÉCNICAS DE RESPIRAÇÃO PARA MAXIMIZAR SUA EXPERIÊNCIA DE VISUALIZAÇÃO E MELHORAR O SEU DESEMPENHO

CAPÍTULO 6: NUTRIÇÃO ADEQUADA PARA MAXIMIZAR SEUS RESULTADOS DE VISUALIZAÇÃO NO FISICULTURISMO

CAPÍTULO 7: TÉCNICAS DE VISUALIZAÇÃO PARA OBTER MELHORES RESULTADOS NO FISICULTURISMO

CAPÍTULO 8: TÉCNICAS DE VISUALIZAÇÃO: VISUALIZAÇÕES MOTIVACIONAIS

CAPÍTULO 9: TÉCNICAS DE VISUALIZAÇÃO: VISUALIZAÇÃO PARA SOLUÇÃO DE PROBLEMAS

CAPÍTULO 10: TÉCNICAS DE VISUALIZAÇÃO: VISUALIZAÇÃO ORIENTADA PARA METAS

CAPÍTULO 11: VISUALIZAÇÃO PARA MAXIMIZAR OS RESULTADOS NO FISICULTURISMO

CAPÍTULO 12: SESSÃO DE VISUALIZAÇÃO MOTIVACIONAL PARA FISICULTURISMO

CAPÍTULO 13: SESSÃO DE VISUALIZAÇÃO NO FISICULTURISMO PARA A SOLUÇÃO DE PROBLEMAS

CAPÍTULO 14: SESSÃO DE VISUALIZAÇÃO NO FISICULTURISMO ORIENTADA PARA METAS

CONSIDERAÇÕES FINAIS

OUTROS GRANDES TÍTULOS DESTE AUTOR

INTRODUÇÃO

Esse Livro vai mudar significantemente a maneira como você pode impulsionar-se mental e emocionalmente através das técnicas de visualização ensinadas nesse livro.

Você quer ser o melhor? Para ser o melhor deve treinar psicologicamente e mentalmente para alcançar a sua máxima capacidade. Comumente pensa-se que visualizar é uma atividade que não pode ser quantificada, o que torna mais difícil de verificar se você está obtendo uma melhoria ou fazendo alguma diferença, mas na realidade visualizar vai aumentar suas chances de sucesso muito mais do que qualquer outra atividade.

Você aprenderá três técnicas comprovadas para melhorar sua performance sob qualquer situação. Elas são:

1. Técnicas de Visualização Motivacionais
2. Técnicas de Visualização para resolver problemas
3. Técnicas de Visualização em busca de um objetivo.

Essas técnicas de visualização no Fisiculturismo irão lhe ajudar em:

- Ganhar mais frequentemente.
- Se tornar mais forte mentalmente .
- Sobreviver à competição
- Avançar ao próximo nível
- Recuperar-se rapidamente e treinar por mais tempo.

Como isso é possível? Visualizar lhe ajudará a ter mais controle sobre suas emoções, estresse, ansiedade, e desempenho sob situações de pressão que são geralmente, a diferença entre sucesso e fracasso.

Conseguir o seu melhor em qualquer esporte e atingir o seu verdadeiro potencial poderá acontecer apenas por meio de um regime de treino balanceado que inclui: treino mental, treino físico e nutrição apropriada.

E porque não há mais pessoas usando as técnicas de visualização a fim de aumentar seu desempenho no Fisiculturismo? Há diversas razões para isso, porém, na realidade, a maioria das pessoas nunca tentou e tem medo de tentar coisas novas. Outras pessoas pensam que aumentar a capacidade mental não fará nenhuma diferença, mas elas estão erradas.

Praticar as técnicas de visualização para Fisiculturismo irá permitir que você:

- Aumente sua capacidade pulmonar, ajudando a relaxar a tensão muscular e diminuir a carga.
- Recuperar-se mais rapidamente após treinar ou competir, por meio de técnicas de respiração que reduzirão a tensão muscular.
- Superar situações de pressão.
- Treinar mais pesado e por mais tempo sem se cansar excessivamente.
- Reduzir as chances de ter cãibras e lesões musculares.

- Aumentar o controle de suas emoções em situações estressantes.
- Ver resultados nunca antes vistos.

Visualizar é um trabalho árduo e requer pratica constante, e é por isso que no final você alcançará seu triunfo. Seja o melhor que pode ser impulsionando-se para seu limite mental usando a visualização.

SOBRE O AUTOR

Como um instrutor de meditação certificado, eu acredito fortemente no poder de aproveitamento de sua mente e das técnicas de visualização.

Tendo atuado como atleta profissional eu entendo o que passa pela sua mente e como seus nervos e a pressão afetam seu desempenho.

As três maiores chances da minha vida vieram da mudança de um treinamento pesado para um treinamento baseado em nutrição, aumento da flexibilidade, e uma **abordagem mental focada** que mudou meu desempenho radicalmente.

Visualizar me ajudou a controlar minhas emoções e pensamentos, através da simulação de competições antes que elas acontecessem.

O meu conhecimento e a prática contínua de visualização, me ajudaram a viver uma vida mais saudável e a manter-me mais forte com o passar dos anos, o que beneficiou diversos aspectos da minha vida. Quanto mais você usa seu cérebro para desenvolver a si mesmo e a tudo aquilo que você pode alcançar, mais você vai querer praticar a visualização.

Seja dedicado e consistente em suas sessões de treino de visualização, e você verá que os resultados irão dominar sua mente.

O QUE SIGNIFICA VISUALIZAR?

Visualizar é a prática de usar sua mente para imaginar o que você gostaria de ver em seu desempenho para alcançar novos patamares.

Quando você está sonhando acordado, não pode alterar seus resultados, porém quando visualiza, você controla cada parte da sua imaginação então pode recriar um cenário exato, no qual geralmente há um confronto parar aprender a ultrapassar essa barreira, através da sua visualização, e a ultrapassa constantemente.

Normalmente, você estará sentado ou deitado. Feche seus olhos e então prepare-se para entrar em uma mentalização onde estará em um filme dentro de sua mente, onde você é quem decide o que vai acontecer. Você deve escolher sua aparência, como irá começar, como você se sentirá e qual será o resultado. O objetivo é mudar seus hábitos mentais positivamente, visualizando-os e melhorando-os a seu favor sempre que possível, até isso tornar-se sua realidade e você alcançar o seu potencial máximo em seus treinos ou competições.

Como você aborda a visualização faz uma grande diferença; por esse motivo ela deve ser levada a sério e devem ser estabelecidos horários para essa rotina, evitando interrupções. Essa sessão pode ser utilizada para trabalhar em situações específicas que você sente que poderá melhorar, tais como: o resultado de seu desempenho, habilidade de controlar seus nervos, habilidade de controlar emoções e prevenir uma crise de irritação, capacidade para adaptar-se no ambiente, seu nível de confiança em suas performances.

Visualizações podem ter um grande efeito em sua performance!

A visualização requer um ambiente calmo e quieto, onde você possa focar na sua melhor capacidade mental e em criar os vídeos mentais das coisas que quer que aconteça na vida real, o que irá preparar melhor o seu corpo para uma situação real.

Treinar a sua mente para imaginar cenários e situações diferentes lhe darão mais experiência. Quando você puder imaginar mais a fundo e desenvolver sua capacidade de focar-se e ver as coisas com mais detalhes, terá atingido um nível ideal de concentração para suas sessões de visualização em busca de seu objetivo.

POR QUE VISUALIZAR É IMPORTANTE PARA VOCÊ?

Visualizar, normalmente pode ter um efeito muito positivo diariamente em sua vida, porém, o mais importante, também terá um grande efeito em sua performance como atleta. Se você quer alcançar sua performance total naturalmente e por um longo período, a visualização é o caminho que você deve tomar.

O que significa visualizar?

Visualização é uma técnica centenária que não estava sendo utilizada regularmente até algumas décadas atrás.

A visualização não se tornou tão popular como qualquer outro tipo de exercício como: treinamento de peso, alongamento, saltos entre outros exercícios físicos.

Porque? A resposta para essa questão é simples: não lhe é dada a devida atenção porque é mais difícil de enxergar os resultados. Seus resultados são vistos na sua habilidade de seguir em frente e ser mais confiante para alcançar sua meta, alcançando-as mais frequentemente.

Lembre-se, sua mente controla seu corpo. A mente pode ser desbloqueada para não ter limitações. Se você acha que é pequeno demais, muito baixo, muito devagar, é porque está medindo as coisas no plano físico. Mas o que pensaria se eu dissesse a você que um grupo de atletas que é fisicamente igual, que pode pular tão alto quanto o outro ou correr tão rápido quanto o outro, terá resultados diferentes no final? Como uma pessoa pode ser superior à outra? O que definiria seria a força mental, daquele que tem a melhor capacidade de ultrapassar barreiras mentais em qualquer ambiente.

Se todo mundo trabalha e treina da mesma forma, a mente fará a diferença, e a visualização será o caminho para chegar à sua performance mental. **Se esse é o caso, então as sessões de visualização se tornarão as ferramentas decisivas para superar seus oponentes.**

Porque todo mundo está trabalhando tão duro para tornar-se mais rápido, mais forte ou mais hábil? Simples, porque eles querem alcançar sua performance da maneira que eles acham que trará o resultado mais efetivo.

Eu concordo plenamente em trabalhar duro fisicamente e preparar o corpo para a carga de estresse da competição, mas como em qualquer outro esporte ou atividade física, a mente vem primeiro.

Porque a mente vem em primeiro lugar? Principalmente porque se você decidir que não pode fazer alguma coisa antes mesmo de começar, simplesmente não conseguirá fazê-la, não importa o quanto você tentar, quantas flexões, abdominais, agachamentos, levantamentos, arrancadas você fizer. O sucesso pode ser definido como uma possibilidade antes mesmo de você começar. Se você decidir que pode chegar ao seu objetivo, o seu cérebro trabalhará lhe ajudando a alcançá-lo, não importando quantos obstáculos apareçam em seu caminho. Se fizer o contrário e decidir que não pode fazer, então não importa o quanto tente, será sempre mais difícil ser bem sucedido.

CAPÍTULO 1: VISUALIZAÇÃO PARA APRIMORAMENTO DA PERFORMANCE NO FISICULTURISMO

Nos últimos anos, os atletas vem descobrindo que se você quiser ficar livre de lesões e aumentar sua performance física, três coisas devem acontecer:

1. Você deve se tornar mais flexível, ágil e com maior mobilidade.
2. Você deve recuperar-se melhor e mais rápido após uma competição ou um treinamento.
3. Você deve se preparar mentalmente para qualquer inconveniente interno ou externo que possa ocorrer.

Em primeiro lugar, a yoga e grandes períodos de alongamento vêm se tornando muito populares e estão sendo incluídos em diversos tipos de treinamentos. Isso tem reduzido os estiramentos musculares e lesões que podem surgir se isso não for utilizado. Levantamento de peso e treino de resistência tem se tornado mais populares entre os atletas a fim de terem alguma vantagem em relação a seus oponentes.

Em segundo lugar, as bebidas esportivas, suplementos alimentares e uma melhor nutrição. Comer corretamente, dando ao seu corpo tudo que ele precisa para suportar a carga, antes de treinar ou competir é essencial. Esse é um dos principais motivos por que os atletas têm mais resistência do que os do passado; é por isso que muitos recordes vêm sendo quebrados, atingindo alturas que pensavam nunca ser possível anteriormente. Essa não é a única razão, mas, uma das principais que vem sendo aprimorada por muitos atletas.

A terceira é a razão pela qual que você está lendo este livro, que mudará seus resultados futuros. Mentalidade focada e preparação emocional vão ocorrer o mais rápido possível e terão um efeito mais poderoso quando você começar a utilizar as técnicas de visualização como parte de seus treinos. Já não é mais segredo que a visualização eleva a performance a novos níveis, mas ainda não é muito utilizada, por isso, você deve começar o mais rápido possível, para se beneficiar disso antes dos outros.

Muitos técnicos e instrutores fazem com que seus estudantes pratiquem yoga ou alongamento regularmente. Eu acredito que futuramente, muitos técnicos farão com que seus estudantes pratiquem a visualização ou meditação diariamente ou em uma rotina semanal.

Com que frequência que devo visualizar para ver resultados?

A sua frequência necessária depende de sua capacidade de concentração naquilo que necessita. Se você está apenas começando, o ideal seria praticá-lo diariamente e adicionar intervalos gradativamente. Para aqueles que acreditam que podem visualizar sem perder o foco, é indicado de 10 a 30 minutos diários. Aqueles que já têm mais prática, podem visualizar por uma hora por dia.

Eu sugiro que você utilize as técnicas aqui ensinadas enquanto está começando diariamente, para aprimorar-se e assim diminuir o número de sessões de acordo com o seu treino ou competição, e então poderá maximizar os efeitos da visualização e aumentar sua performance naquele momento.

A visualização requer prática, para ficar cada vez melhor, e desenvolver suas habilidades mentais de modo que desbloqueie sua capacidade de ver através dos olhos da mente, ou para simplesmente imaginar o que pode acontecer, antes mesmo que aconteça.

Como a visualização aumentará minha performance?

Eu passei a acreditar que os atletas atingirão o seu auge físico nos mais variados esportes e disciplinas atléticas na próxima década, por causa do avanço da tecnologia e como os atletas se preparam para a competição; o que fará com que todos procurem alguma vantagem competitiva sobre os outros participantes. Essa vantagem virá principalmente de sua mente e das variações de suas técnicas de visualização e dos cenários simulados, onde atividades específicas ocorrem mentalmente e depois fisicamente. Normalmente os atletas não tem planejamentos e aprendem com erros e acertos, porém, visualizar e desenvolver cenários mentais mudará a maneira como você se prepara para sua performance.

Visualizar aumentará sua performance de diferentes formas. Você aprenderá a:

1. Controlar sua tensão muscular para ficar mais relaxado e poupar o esforço realmente necessário para quando você for executar e não antes disso.

2. Controlar seus batimentos cardíacos para ter um melhor controle sobre suas emoções e nervos antes, durante e depois de competir ou treinar usando sua energia com eficiência.

3. Trazer a sua melhor performance em situações de alta pressão ou inconvenientes que acontecem quando menos espera, e que o acabam desanimando quando normalmente você supera o resto.

4. Ter uma abordagem positiva em relação aos seus medos e nervosismos. Sendo capaz de encontrar uma maneira de ultrapassar o medo, quando você se sente superado pelo momento difícil, porém, se você ensaiar aqueles momentos mentalmente através da sua imaginação você estará preparado para se sobressair. Sentir-se nervoso é uma reação natural assim como ter medo do desconhecido. Quando você visualiza, você pode imaginar momentos em câmera lenta e pensar coisas a respeito,

assim quando você tiver que agir em tempo real você não sentirá a pressão ou intimidação, que são os dois principais motivos que fazem os atletas obterem baixa produtividade.

5. Melhorar sua capacidade de recuperar-se após competir ou treinar por meio da utilização de técnicas de respiração e visualização, com o intuito de relaxar a mente e criar um ambiente calmo para seu corpo, a fim de reduzir o nível de alerta causado pelo nervosismo, adrenalina, estresse e tensão emocional. Esse por sua vez, pode ser um dos maiores benefícios, quando um atleta pode se recuperar naturalmente o que pode resultar rapidamente em uma melhoria nos resultados a longo prazo. Alguns atletas tem muito pouco tempo para o descanso e a recuperação entre competições, por isso, ser capaz de acalmar-se e recuperar-se mais rápido é um grande passo à frente mental e fisicamente.

6. Diminuir seu nível de irritação para com os outros e para consigo mesmo, quando você está sob pressão ou sente que não está rendendo do jeito que gostaria. Isso pode ser frustrante, mas você aprenderá a diminuir a respiração e desacelerar seus pensamentos, fazendo com que responda de uma maneira positiva e produtiva. Muitos atletas se tornam destrutíveis quando as coisas não acontecem do jeito que eles querem, o que só acaba diminuindo o seu potencial futuro de adquirir novas capacidades como atleta. Usando a visualização você será capaz de controlar

melhor as suas emoções e pensamentos negativos que podem atrapalhar sua performance, quando estes não deveriam existir, pois você está buscando o seu melhor.

7. Concentrar-se melhor e por um período de tempo mais longo. Nem todas as disciplinas esportivas requerem grandes períodos de concentração, porém mesmo que você precise concentrar-se apenas por pouco tempo, isso poderá fazer a diferença entre alcançar novas cargas de peso ou dar um passo para trás. Visualizar requer que você tome um tempo para focar e imaginar os detalhes do que gostaria que acontecesse; tempo suficiente para que seja criado um ambiente que você quer ver. Essa vai se tornar uma ferramenta muito valiosa que será desenvolvida através das técnicas de visualização que você aprenderá.

8. Sentir-se em paz consigo mesmo. Isso pode não ser uma prioridade para alguns, mas para outros, isso será o essencial para se tornar mais maduro em sua vida de atleta.

9. Aumentar o nível de confiança diariamente, preparando-se para qualquer eventualidade e visualizando como você reagirá à ela, o que fará com que você seja guiado pelo caminho do sucesso, longe do fracasso. **Confiança é uma qualidade difícil de desenvolver, pois ela é o resultado de ter sucesso de maneira consistente; porém, vendo o sucesso em sua mente, ele se tornará parte de sua realidade frequentemente.** Faça de suas

sessões de visualização, um tempo para aumentar sua confiança em todos os aspectos de sua vida.

10. Reduzir distrações enquanto você treina ou compete. Distrações podem causar diversos problemas quando você está tentando o seu melhor. Aprender a não olhar para lugares ou pessoas indesejadas requer prática e disciplina, que podem ser definitivamente alcançadas através da visualização.

CAPÍTULO 2 : QUANDO USAR A VISUALIZAÇÃO PARA FISICULTURISMO

A visualização deve ser usada quando você acha que fez o seu melhor fisicamente, porém, ainda não chegou no topo almejado. Para alguns atletas a visualização pode ser usada para aspectos emocionais, para preparar-se melhor para o estresse do treino. Para outros, serve para alcançar um objetivo que ainda não alcançou. Em ambas situações a visualização deve ser usadas para aumentar sua performance e deve ser praticada de maneira organizada e agendada.

Você pode visualizar quando acordar, durante o dia, ou antes de dormir. Isso é apenas questão de quando você sente que pode extrair o máximo possível da técnica para manter-se focado em suas imagens mentais, em um ambiente calmo e confortável.

Antes de competições ou dos treinos

Para alcançar melhores resultados, a visualização deve ser usada no dia ou na noite anterior à uma competição ou um treino; assim você pode dar uma chance para sua mente aceitar alguns pensamentos que você está tentando sugerir para alcançar o resultado esperado. Os atletas que praticam diferentes técnicas de visualização ou cenário sessões de treinamento, a fim de descobrir qual é a melhor na hora de competir; devem usar uma visualização rápida, de aproximadamente 15 minutos na noite anterior para que não interrompa o sono.

Após competições ou treinos

Um dos grandes benefícios de praticar a visualização após o treino ou competição, é que você terá uma resposta instantânea dos resultados atuais, então você poderá tentar corrigir os problemas com imagens frescas do que estava fazendo e o que deve ser feito a partir de agora.

As informação e imagens frescas em sua mente, estão nítidas e fáceis de ver mesmo se você estivesse com os olhos fechados quando logo após a competição. Quando você visualiza, sendo capaz de ver as imagens e os filmes mentais que criou detalhadamente, isso faz com que o momento se torne mais real e lhe ajudará a simular a atual situação da maneira mais real possível.

Implemente definitivamente sessões de visualização depois de competir e/ou treinar para desenvolver o seu potencial e maximizar seu treino, para utilizar toda a sua força mental e física.

Criar um planejamento para quando visualizar

Assegure-se tomar um tempo para planejar datas e horários, ou dias da semana específicos, para sua sessão de visualização, e decida o propósito de ela ter sido colocada naquele dia especifico. **Pode ser uma vez por semana, focando em se livrar do nervosismo; duas vezes por**

semana, focando em aumentar sua confiança ou três dias por semana focando para atingir seus objetivos. Decida por quanto tempo você planeja visualizar para que você não se apresse ou diminua o tempo de sua sessão por causa de outros compromissos.

Lembre-se de planejar mais tempo, para o caso de ser interrompido, ou não puder completar a sessão, para que possa terminá-la em algum outro dia específico.

Os resultados virão com a persistência, então não se preocupe, não tente fazer tudo em uma sessão de 5 ou 6 horas, porque isso não te trará nenhum resultado a longo prazo. Para resultados a longo prazo o ideal é manter, como base, uma sessão de 20 a 40 minutos.

CAPÍTULO 3: AS MELHORES TÉCNICAS DE MEDITAÇÃO PARA SE PREPARAR PARA VISUALIZAR PARA FISICULTURISMO

Porque você deve meditar para se preparar para visualizar?

Para alcançar o melhor da visualização você deve permitir que sua mente e seu corpo se relaxem, então ficará mais suscetível e aberto para alcançar seu potencial. Meditar é simplesmente usar pensamentos focados, combinado com técnicas de respiração para aumentar sua concentração em relação àquilo que você almeja. Para alguns atletas alongar-se ou praticar yoga após um treino ou competição os preparará para a meditação; a meditação por sua vez os preparará para a visualização. Essas são grandes ferramentas que devem se tornar parte de usa rotina se você quiser extrair o máximo possível das sessões de visualização.

Meditação Consciente - Mindfulness

Durante a meditação plena, os atletas devem tentar permanecer no presente, em cada um e em todos os pensamentos que eles tenham atualmente, escrevendo-os em sua mente.
Este tipo de meditação ensina você a se tornar consciente de seus padrões de respiração, mas não tenta mudá-los de alguma forma, através de práticas de respiração. Esta é

uma forma mais passiva da meditação em comparação com as outras formas mais ativas, que exigirão que você mude seus padrões de respiração. Mindfulness é um dos tipos mais comuns de meditação no mundo, do qual todos os atletas podem se beneficiar grandemente.

Meditação focada

Atletas usando a meditação estão direcionando seus pensamentos para um problema específico, emoção ou objeto no que deseja focar e encontrar uma solução para ele.
Comece por limpar sua mente de todas as distrações e, em seguida, tomar algum tempo para se concentrar em apenas um único som, objeto ou pensamento. Você está tentando focalizar por tanto tempo quanto possível neste estado mental onde você pode então redirecionar sua concentração a um objetivo que você quer alcançar.
A escolha é sua, se você quiser seguir em frente para trabalhar sobre qualquer outro pensamento ou objetivo, ou você também pode simplesmente manter esse foco inicial no som, objeto ou pensamento que você tinha antes.

Meditação de movimento

Meditação de movimento é outra forma de meditação que você também deve tentar. Este é um tipo de meditação, onde você se concentra em seus padrões de respiração, movendo o ar para dentro e fora de seus pulmões, enquanto faz fluxo de padrões de movimento (com as mãos) que você vai repetir. Você pode se sentir desconfortável no início, mover-se com os olhos fechados, mas com o tempo você vai notar é realmente muito relaxante e irá ajudá-lo a melhorar sua saúde geral.

Uma mente em conexão com o corpo será otimizada nesse tipo de meditação, especialmente para pessoas que têm dificuldade para ficar quietas e preferem se deslocar com movimentos de fluxo natural. Estes movimentos devem ser lentos e repetitivos. Quanto mais controlados eles forem, melhor. Fazer movimentos rápidos ou violentos irão desfazer o benefício da meditação.

Pessoas que praticam yoga muitas vezes acham esta forma de meditação excelente, pois é semelhante à respiração e os exercícios de movimento da ioga. Ambos melhoram o controle sobre si mesmo e sobre os pensamentos. Para as pessoas que nunca fizeram ioga antes e já fizeram meditação de movimento, descobrirão que o aquecimento com alguns exercícios com base na yoga, muitas vezes , poderão facilitar na meditação de movimento rápido. O objetivo é entrar em um estado meditativo mais rápido e a yoga certamente permitirá que você faça isso de uma maneira natural. Enquanto a yoga se concentra mais na melhoria da flexibilidade e no desenvolvimento da força muscular, a meditação de movimento é dirigida mais para um estado mental e para padrões respiratórios lentos.

CAPÍTULO 4: PREPARANDO-SE PARA VISUALIZAR, CRIANDO O AMBIENTE CERTO

Depois de saber que tipo de meditação vai fazer, você precisa saber como se preparar para meditar. Certifique-se de não se apressar em de seu processo de meditação, pois isso vai certamente reduzir os efeitos globais e diminuir os possíveis resultados.

EQUIPAMENTO: Coloque um tapete, cobertor, toalha, ou cadeira onde você planeja meditar.

Algumas pessoas preferem usar uma toalha (o que é ótimo para quando você estiver viajando ou fora da cidade), ou uma esteira para sentar-se ou deite-se de costas. Outros preferem se sentar em uma cadeira para ter uma posição estável, que irá ajudá-lo a não cair no sono, caso você se sinta muito relaxado.
Eu prefiro sentar-se em uma esteira de yoga, pois é uma posição que eu sinto me ajuda a me concentrar e relaxar. Às vezes eu aqueço com yoga ou alongamento estático, por isso eu já tenho meu tapete pronto, mas quando eu viajo eu simplesmente uso uma toalha grossa.
Estar confortável é muito importante para entrar no correto estado mental, então certifique-se de estar usando o equipamento certo para começar.

TEMPO: Decida quanto tempo você vai meditar com antecedência

Certifique-se de decidir de antemão por quanto tempo você planeja meditar e com que finalidade. Para algo simples como focar na respiração ou em ser positivo, você pode planejar fazer uma sessão curta de cerca de 5 a 15 minutos de duração. Considerando que, se você está pensando em se concentrar em um problema e quer tentar encontrar uma solução para ele, você pode pensar em dar a si mesmo tempo suficiente para primeiro relaxar através de padrões de respiração e, em seguida, começar a se concentrar em soluções e alternativas para o problema em questão. Isso pode levar de 10 minutos a uma hora ou mais, dependendo do seu nível de experiência em meditação, ou pode também depender de quanto tempo você leva para entrar em um estado relaxado de mente, que lhe permitirá concentrar-se bem o suficiente para enfrentar o problema.

Planeje quanto tempo você vai demorar, para que possa se preparar com antecedência para ficar no mesmo local, até que termine sem interrupções, tais como: estar com fome, crianças que entram na sala, pausa para ir ao banheiro, etc... Cuide dessas possíveis distrações de antemão.

LOCAL: Encontre um espaço limpo, silencioso e confortável para meditar

Encontre um lugar onde você possa relaxar totalmente e limpar sua mente sem interrupções. Isso pode ser em qualquer lugar que você se sinta confortável e pode chegar a este estado de espírito relaxado. Poderia ser na grama em um parque, em casa, em seu quarto, em seu banheiro, em uma tranquila sala vazia, ou sozinho em seu carro. Isso é completamente com você. Certifique-se de que você não escolha um local onde pode ter trabalho próximo de você, ou um telefone celular que fique tocando ou vibrando. PONHA O SEU CELULAR EM OFF! É impossível obter os resultados desejados da meditação com distrações constantes; e atualmente os telefones celulares são a principal fonte de distração e interrupções.

O local escolhido deve ter estas coisas em comum: deve ser silencioso, limpo, e precisa ter uma temperatura ambiente amena (muito quente vai fazer você dormir e muito frio vai fazer você querer levantar e se movimentar), e deve estar livre de distrações.

PREPARO: Prepare o seu corpo para meditar

Antes de meditar certifique-se de fazer o necessário para obter o seu corpo relaxado e pronto. Isto pode ser tomar uma ducha, alongar-se, colocar roupas confortáveis, etc... Certifique-se de comer pelo menos 30 minutos antes de começar, para que você não sinta fome e nem muito cheio. Uma refeição magra seria o ideal para ajudá-lo a se preparar adequadamente de antemão. Eu vou entrar com mais profundidade sobre a importância da nutrição em um dos capítulos seguintes.

AQUECIMENTO: Faça de antemão alguma Yoga ou alongamento para começar a relaxar.

Para alguns de vocês que já tenham feito yoga no passado, sabem como ela pode ser relaxante. Alguns de vocês que ainda não começaram a fazer yoga, seria um bom momento para começar, uma vez que irá ajudá-lo a relaxar melhor e a acalmar-se. Não é necessário fazer yoga antes de meditar, mas ajuda a maximizar os efeitos e a acelerar o processo de relaxamento, para que você obtenha o estado mental correto. O alongamento é outra boa alternativa desde que ele seja combinado com alguns exercícios respiratórios que irão ajudá-lo a se acalmar e a se sentir mais à vontade.

MENTALIDADE: Respire profundamente para começar a se acalmar

Respirar é fácil, mas praticar a respiração leva mais tempo. Os benefícios da prática de técnicas de respiração são muitos.
A maioria dos atletas vão poder se recuperar mais rapidamente após momentos intensos. Eles também irão notar que são capazes de manter o foco, mesmo quando estiverem sem fôlego. OS ATLETAS PRECISAM APRENDER A RESPIRAR! Os atletas precisam se focar no ar entrando e saindo de seus pulmões, prestar atenção em como o corpo se expande e contrai. Ouvir e sentir o movimento do ar dentro e fora de seu nariz e boca, irão ajudá-lo a se sentir mais relaxado e é adequado para se concentrar na sua respiração. Cada vez que você inspirar e expirar tente se focar em um estado mais e mais profundo de relaxamento. Toda vez que o oxigênio enche seus pulmões, seu corpo vai se sentir mais fortalecido e cheio de emoções positivas.

AMBIENTE: Adicione um pouco de música de meditação ou relaxamento no fundo somente se ela não se tornar uma distração.

Se a música de meditação ajuda você a entrar em um estado relaxado, certamente deve ser incluída em sua sessão de meditação. Toda e qualquer coisa que ajuda você a entrar em um estado mais focado e relaxado devem ser usada, incluindo a música.
Se você sentir que é capaz de limpar melhor a sua mente, sem qualquer som ou música, então não adicione música ao seu ambiente.
Eu normalmente não adiciono música, simplesmente porque acho que a música me leva em outras direções que eu nem sempre quero ir, pois a música me lembra de outros pensamentos e ideias. Isso é só comigo, mas talvez a música dê certo para você. Experimente ambas as opções para ver o que funciona melhor com você. Alguns atletas gostam de ouvir música antes de competir, uma vez que se sentem relaxados ou ficam de bom humor. Descubra o que funciona para você e faça.

POSIÇÕES PAR VISUALIZAR

Quando se trata de posições para meditar é basicamente com você. Não há uma posição certa ou errada, apenas com a qual você obtém o melhor estado de concentração. Para algumas pessoas sentar-se em uma cadeira é ótimo, por causa do apoio de trás, enquanto outros preferem ficar mais perto do chão e decidem sentar-se em uma toalha.

Posição sentada

Para a posição sentada, simplesmente encontre uma cadeira que permita que você se sinta concentrado sem fazê-lo se sentir muito desconfortável ou relaxado demais, deixando-o sonolento. Certifique-se de que suas costas fiquem retas quando sentado e que seus pés possam toquem o chão, pois você não quer terminar sua sessão de meditação com dor nas costas. Algumas pessoas preferem usar um travesseiro macio em sua cadeira para se sentirem mais confortáveis.

Ajoelhado no chão

Tire os sapatos e as meias fora se você quiser ajoelhar-se no chão. Tente ajoelhar em cima de um tapete macio ou toalha dobrada com os dedos dos pés apontando para trás e os quadris diretamente acima de seus calcanhares. Suas costas devem estar retas e relaxadas para permitir que seus pulmões se expandam e contraiam tantas vezes quanto necessário. Você quer criar uma forte conexão através de sua respiração e para fazer isso, o ar tem que entrar e sair de seus pulmões em um movimento fluente.

Posição deitada

Deite-se sobre o tapete, toalha, ou cobertor e relaxe os pés e as mãos. Suas mãos devem permanecer em seus lados e os pés apontando para cima ou para fora. Suas mãos podem ser colocadas em seu estômago em uma posição delicada, mas ainda em seus lados. Sua cabeça deve ficar de frente para o teto ou o céu. Se você incliná-la para um lado ou para outro, isso não permitirá que você fique focado por longos períodos de tempo, e pode até mesmo acabar com alguma tensão no pescoço. Esta é uma ótima posição para meditar (quando feita corretamente), desde que você não adormeça. Se este é o seu problema, basta escolher outra posição.

Posição borboleta

Nesta posição, você terá de sentar-se em sua esteira ou toalha, abrir as pernas e, em seguida, juntar os pés para que a palma de um pé encontre a do outro. Seus joelhos podem ir para cima, ou eles podem até tocar o chão, não importa, contanto que você se sinta confortável e possa relaxar nesta posição. Certifique-se de que sua coluna fique reta e equilibrada.

CAPÍTULO 5: TÉCNICAS DE RESPIRAÇÃO PARA MAXIMIZAR SUA EXPERIÊNCIA DE VISUALIZAÇÃO E MELHORAR O SEU DESEMPENHO

Padrões de respiração serão a chave para definir o ritmo de sua sessão de visualização e também para entrar em um estado hiper-focado.

Ao visualizar, você deve prestar atenção aos padrões respiratórios e encaminhá-los através de sua sessão. Todos os padrões de respiração devem ser feitos através da inspiração pelo nariz e expiração pela boca.

A fim de entrar em um estado mais relaxado, sua frequência cardíaca deve cair e, para isso, a respiração será essencial. Os padrões que você usa irão facilitar este processo para ajudá-lo a alcançar níveis mais elevados de concentração. Com a prática esses padrões de respiração se tornarão uma segunda natureza para você. Decida de antemão se os padrões respiratórios lentos são melhores para você ou se os padrões de respiração rápida é o que você precisa. Os padrões respiratórios lentos relaxarão você e os padrões de respiração rápida o energizarão.

PADRÕES DE RESPIRAÇÃO LENTA

A fim de abrandar a sua respiração você vai tomar o ar lentamente e por um longo período de tempo e, em seguida, soltá-lo também lentamente. Para os atletas, este tipo de respiração é bom, para que você relaxe após o treino ou cerca de uma hora antes da competição. Diferentes proporções de ar para dentro e para fora irão afetar o seu nível de relaxamento, e por sua vez, sua capacidade de atingir um nível ideal de visualização.

Padrão normal de respiração lenta: Comece por tomar o ar pelo nariz lentamente, contando até 5. Em seguida, solte lentamente em contagem regressiva de 5 a 1. Você deve repetir este processo de 4 a 10 vezes até que se sinta completamente relaxado e pronto para se concentrar. Os atletas devem se concentrar em inspirar pelo nariz e expirar pela boca para este tipo de padrão de respiração.

Padrão de respiração lenta prolongada: Comece por tomar o ar pelo nariz lentamente, contando até 7. Em seguida, solte lentamente em contagem regressiva de 7 até 1, expirando pela boca. Você deve repetir este processo de 4-6 vezes até que você se sinta completamente relaxado e pronto para se concentrar.

Padrão de respiração lenta para atletas hiperativos: Comece por tomar ar pelo nariz lentamente, contando até 3. Em seguida, solte lentamente em contagem regressiva de 6-1 expirando pela boca. Você deve repetir este processo de 4-6 vezes até se sentir relaxado e pronto para se concentrar. Este padrão irá forçar você a abrandar completamente. A última repetição desta sequência deve terminar com 4 segundos de ar dentro e 4 segundos de ar fora, para estabilizar sua respiração.

Padrão de respiração ultralenta: Comece tomando ar pelo nariz lentamente, contando até 4. Em seguida, solte lentamente em contagem regressiva de 10-1, expirando pela boca. Você deve repetir este processo de 4-6 vezes até que se sinta completamente relaxado e pronto para visualizar. Este padrão irá forçá-lo a desacelerar gradualmente. As últimas duas repetições desta sequência devem terminar com 4 segundos de ar dentro, e 4 segundos de ar fora, para estabilizar sua respiração e equilibrar o ar dentro e fora proporcionalmente.

Estabilizar os padrões de respiração antes de meditar: Este é um bom tipo de padrão de respiração que deve ser usado se você achar que já está calmo e quer começar meditando imediatamente. Comece tomando o ar pelo nariz lentamente e conte até 3. Em seguida, solte lentamente em contagem regressiva de 3-1. Você deve repetir esse processo de 7 a 10 vezes até que se sinta completamente relaxado e pronto para se concentrar. Os atletas devem se concentrar em inspirar pelo nariz e expirar pela boca para este tipo de padrão de respiração.

PADRÕES RESPIRAÇÃO RÁPIDA

Padrões de respiração rápidos são muito importantes para os atletas a fim de ficarem energizados e pronto para competir. Mesmo que esse tipo de padrão de respiração seja mais eficaz durante a visualização, ele também vai ser útil para meditar. Os atletas que são muito calmos e precisam se sentir mais no controle de sua mente, podem querer usar esses padrões para ficarem prontos para visualizar.

Padrão normal de respiração rápida: Comece tomando ar pelo nariz lentamente, contando até 5. Em seguida, solte lentamente em contagem regressiva de 3 a 1. Você deve repetir este processo de 6 a 10 vezes até que se sinta completamente relaxado e pronto para visualizar. Os atletas devem se concentrar em inspirar pelo nariz e expirar pela boca para este tipo de padrão de respiração.

Padrão de respiração rápida prolongada: Comece tomando o ar pelo nariz lentamente, contando até 10. Em seguida, solte lentamente em contagem regressiva de 5-1, expirando pela boca. Você deve repetir este processo de 5-6 vezes até se sentir completamente relaxado. Se você tiver problemas no início para chegar até 10, simplesmente diminua a contagem para 7 ou 8. Concentre-se em respirar pelo nariz e pela boca.

Padrão de respiração rápida pré-competição: Comece tomando ar pelo nariz lentamente, contando até 6. Em seguida, solte a respiração de uma vez, soltando o ar através de sua boca. Você deve repetir este processo de 5-6 vezes até que se sinta completamente relaxado e pronto para se concentrar. Você pode adicionar duas repetições para esta sequência, com 4 segundos de ar dentro e 4 segundos de ar fora, para estabilizar sua respiração e equilibrar o ar dentro e fora proporcionalmente.

Todos esses tipos de padrões respiratórios aumentarão o seu desempenho e podem ser usados durante a competição, dependendo do seu nível de energia ou nervosismo.

Os atletas que ficam nervosos antes da competição devem usar padrões de respiração lenta.

Os atletas que precisam ser energizados antes da competição devem usar os padrões de respiração rápida.

Em caso de ansiedade, uma combinação de padrões de respiração lenta, seguido por padrões de respiração rápida dará melhores resultados.

Durante as sessões de treinamento ou durante a competição quando se sentir esgotado ou sem fôlego, use o padrão normal de respiração rápida, para ajudar a se recuperar mais rápido.

Padrões de respiração são uma ótima maneira de controlar seus níveis de intensidade, pois lhe economizarão energia e permitirão que você se recupere mais rapidamente.

CAPÍTULO 6: NUTRIÇÃO ADEQUADA PARA MAXIMIZAR SEUS RESULTADOS DE VISUALIZAÇÃO NO FISICULTURISMO

Por que a nutrição é importante quando você planeja visualizar?

Para maximizar os efeitos da visualização é importante ter uma dieta equilibrada através de refeições e/ou sucos ou shakes. Melhorar a sua condição física vai exigir que você fortaleça sua resistência mental e coma adequadamente para que tenha energia suficiente para suas sessões de visualização prolongadas, especialmente após o treino ou competição. Quando você visualizar o que você precisa para manter o foco por um período mínimo de tempo que pode tornar-se mais longo, se você sente que precisa de mais tempo.

Quando você visualiza precisa se concentrar por um período mínimo de tempo que pode se prolongar, quando necessário. Quando você permanece focado por longos períodos de tempo, precisa se certificar de que seu corpo está bem nutrido, e de que não vai se distrair por estar com fome ou muito cheio, o que pode ser uma questão importante a ser cuidada de antemão. Se você come um alimento que lhe dá problemas de estômago fique longe dele antes de iniciar a sua sessão de visualização.

O que devo comer ou beber antes de visualizar?

Os alimentos pré-visualização ideais que você deve consumir são: proteínas magras, carboidratos fáceis de digerir, gorduras ômega, verduras e legumes e água; que devem ser consumidos em quantidades adequadas, dependendo de suas necessidades calóricas.

Para ajudar você a se preparar para competir, estou incluindo alguns itens de alta nutrição e shakes e ou sucos ricos em proteína, bem como refeições para fazer seu processo digestivo menos distraído enquanto você estiver se exercitando e ter a maior quantidade de energia antes de começar.

Beber esses shakes 30-60 minutos antes do treino lhe trarão melhores resultados e irão mantê-lo sem se sentir com fome ou muito cheio, para relaxar completamente e se concentrar na sessão prestes a ser realizada.

Se você não tem tempo de comer direito, certifique-se de beber pelo menos algo que vai nutrir seu corpo e não apenas fazer você se sentir cheio, pois você precisa se concentrar na qualidade e não na quantidade quando se trata do que você come ou bebe.

Proteína

Proteínas magras são muito importantes para desenvolver e reparar o tecido muscular. Elas também ajudam a normalizar as concentrações hormonais no organismo, que lhe permitirão controlar o seu estado de espírito, bem como o seu temperamento. Algumas das melhores proteínas magras que você pode ter são:

- Peito de peru (natural, se possível).
- Carne vermelha magra (também natural).
- Ovos brancos
- A maioria dos produtos lácteos.
- Peito de frango (natural).
- Quinoa
- Nozes (todas as variedades)

Gorduras ômega

Gorduras ômega são fáceis de obter e muito importantes para as funções do corpo, especialmente para o cérebro. Gorduras ômega são comumente encontradas em:

- Salmão (de preferência natural, não de criadouro)
- Nozes (fáceis de serem colocadas no lanche)
- Linhaça (misturá-las com qualquer shake)
- Sardinhas

Você vai notar as suas funções melhorando e o aumento global da saúde de seu cérebro. Seu sistema imunológico também deve ficar mais forte, o que irá reduzir suas chances de contrair câncer, diabetes e outros problemas graves de saúde.

Hortaliças e Legumes

Às verduras e legumes não é dada a importância devida. Encontre um vegetal que você gosta de comer e inclua em sua dieta. Ele irá recompensá-lo conforme os anos passam.

Quando você ouve as pessoas falando sobre como é importante ter uma dieta equilibrada, eles também estão se referindo aos vegetais. Algumas das melhores verduras e legumes para incluir em suas refeições diárias são:

- Tomate
- Cenoura
- Beterraba
- Couve
- Espinafre
- Repolho
- Salsa
- Brócolis
- Couve de bruxelas
- Alface
- Rabanete
- Pimentão verde, vermelho e amarelo
- Pepino
- Berinjela
- Abacate

Você pode estar certo que obtendo uma grande variedade de cores, com certeza, obterá diferentes vitaminas e minerais.

Frutas

As frutas também contêm uma grande quantidade de vitaminas necessárias para que o seu corpo funcione em sua capacidade máxima. Os antioxidantes ajudam o corpo a se recuperar mais rapidamente, o que é extremamente importante para os atletas. Certifique-se de comer muitas frutas que são ricas em antioxidantes após o treinamento ou competição. As frutas constituem uma importante fonte de fibra dietética, que lhe permite processar os alimentos mais facilmente. Algumas das melhores frutas para incluir em sua dieta são:

- Maçã (verde e vermelha)
- Laranja
- Uva (verde e vermelha)
- Banana
- Toranja (Um pouco azeda, mas cheia de antioxidantes)
- Limão e lima (na forma de suco misturado com água. Eu costumo pedir água e algumas fatias de limão quando eu saio para comer, pois estes também são maravilhosos antioxidantes).
- Cerejas (natural, não revestidas com açúcar).
- Tangerina
- Melancia
- Melão

Água

Água e hidratação são muito importantes para o desenvolvimento de seu corpo e podem aumentar a quantidade de energia que você tem durante o dia. Beber sucos e shakes ajudam, mas não são substitutos para a água potável. A quantidade de água que você bebe vai depender da quantidade de treinamento cardiovascular que você faz, isso pode ser mais do que o sugerido habitualmente. A maioria das pessoas deve beber pelo menos 8 copos de água por dia, mas a maioria dos atletas deve beber de 10 -14 copos de água.

Desde que eu comecei a carregar o meu galão de água eu consegui alcançar o meu objetivo "um galão de água por dia", o que tem melhorado significativamente a minha saúde.

Alguns dos benefícios que tenho notado e que a maioria das pessoas vai notar são:

- Menos ou nenhuma dor de cabeça (o cérebro é hidratado com mais frequência)
- Melhor digestão.
- Menos cansado durante o dia.
- Mais energia na parte da manhã.
- Diminuição da quantidade de rugas visíveis.
- Menos cãibras ou sinais de rigidez muscular. (Este é um problema comum para muitos atletas.)
- Melhor concentração (isso irá beneficiá-lo muito, quando meditar).
- Diminuição do desejo por doces e lanches entre as refeições.

EXEMPLOS DE RECEITAS DE SHAKES PARA SESSÕES DE PRÉ-VISUALIZAÇÃO

Aqui estão alguns exemplos de receitas para atletas, de shakes com alta concentração de proteína que você pode adicionar à sua dieta de pré-visualização. Se você quiser modificar alguns dos ingredientes ou as quantidades se sinta livre para fazê-lo.

SE VISUALIZAR DEPOIS DO CAFÉ DA MANHÃ

Shake Super Mix

Dependendo do seu metabolismo, você vai se adaptar melhor a alguns shakes do que a outros. Para aqueles que preferem um sabor mais doce em seus shakes, esta é uma boa escolha. Você pode adaptar certos ingredientes como o caramelo, avelãs, ou iogurte de baunilha, para alterar o sabor, conforme sua preferência.

Preparação:

Misture todos os ingredientes no espremedor ou liquidificador de alta velocidade e, em seguida, desfrute de um delicioso shake.

Ingredientes:

* 350 ml de leite desnatado

* 2 colheres de sopa de iogurte desnatado de baunilha sem gordura ou Kefir

* 1 colher de sopa de manteiga de amendoim (baixo teor de gordura)
* 2 colheres de sopa de avelãs
* 1 colher de sopa de cobertura de caramelo

Dados Nutricionais:

* Calorias: 430
* Proteínas: 23g
* Carboidratos: 20g
* Gorduras: 11g

Shake Massa Magra de Banana

Aqueles que aderirem a uma dieta ou rotina de ganho muscular irão ter maiores benefícios se consumirem shakes para os músculos, porque são fáceis de preparar e por causa da rapidez com que o corpo pode absorver as proteínas e nutrientes.

Preparação:

Misture todos os ingredientes no espremedor ou liquidificador a alta velocidade e, em seguida, desfrute de um delicioso shake.

Ingredientes:

* 1/2 banana congelada
* 2 colheres de sopa de creme de leite (creme batido, não do pacote)
* 2 ovos
* 300-350 ml de água

Dados Nutricionais:

* Calorias: 320
* Proteínas: 18g
* Carboidratos: 15g
* Gordura: 9g

Shake Doce Impulso

Aqui temos um ótimo exemplo de receita de Shake com muitos ingredientes diferentes, mas que combinados são uma ótima fonte de proteínas e aumentarão o seu desempenho na academia.

Preparação:

Misture todos os ingredientes no espremedor ou liquidificador a alta velocidade e, em seguida, desfrute de um delicioso shake.

Ingredientes:

* 1 banana média ou grande
* 240 ml de leite desnatado
* 1 colher de sopa de mistura de Linhaça e Amêndoa
* 1 colher de chá de xarope Syrup
* Algumas gotas de essência/extrato de baunilha
* 1 colher de sopa iogurte natural com baixo teor de gordura

Dados Nutricionais:

* Calorias: 450
* Proteínas: 19g
* Carboidratos: 16g
* Gorduras: 10g

Shake de Laranja

Vamos começar o dia com um shake incrível que impulsiona o sistema imunológico e o vai ajudar a ganhar mais músculo. Esta receita é rica em vitamina C e potássio graças aos morangos e ao suco de laranja que também permitirão que os seus músculos se recuperem mais rapidamente.

Preparação:

Misture todos os ingredientes no espremedor ou liquidificador a alta velocidade e, em seguida, desfrute de um delicioso shake.

Ingredientes:

* 240 ml de suco de laranja
* 1 colher de chá de extrato de Baunilha
* ½ banana
* 2-3 morangos congelados
* 2 colheres de chá de mel

Dados Nutricionais:

* Calorias: 291
* Proteínas: 15g
* Carboidratos: 12g
* Gorduras: 5g

Shake Explosão de Amêndoa

Planeje ter uma melhor digestão depois de tomar este shake, com uma combinação de farinha de aveia, passas, amêndoas e manteiga de amendoim. As passas dão-lhe um ótimo sabor e os flocos de aveia uma textura diferente da dos outros shakes.

Preparação:

Misture todos os ingredientes no espremedor ou liquidificador a alta velocidade e, em seguida, desfrute de um delicioso shake.

Ingredientes:

* 300-350 ml de leite desnatado
* 1/2 xícara de farinha de aveia crua
* 1/2 xícara de passas
* 12 amêndoas raladas
* 1 colher de sopa de manteiga de amendoim.

Dados Nutricionais:

* Calorias: 380
* Proteínas: 18g
* Carboidratos: 15g
* Gorduras: 12g

Shake de Bagas Selvagens

As framboesas são conhecidas por terem um alto teor em vitamina C e antioxidantes, sendo que muitos profissionais médicos as sugerem como um suplemento anticancerígeno para ser tomado nas refeições quotidianas. Você pode substituir um lanche comum por esta bebida saudável, que não tem muita quantidade de proteína, mas que vai ajudar a fazer uma pausa em todos os outros shakes altamente concentrados em proteína que você toma diariamente.

Preparação:

Misture todos os ingredientes no espremedor ou liquidificador a alta velocidade e, em seguida, desfrute de um delicioso shake.

Ingredientes:

* 8 framboesas
* 4 morangos
* 15 mirtilo
* 470 ml de leite desnatado

Dados Nutricionais:

* Calorias: 210
* Proteínas: 9g
* Carboidratos: 10g
* Gorduras: 8g

Shake de Banana e Amendoim

Em termos de nutrição este shake tem um alto teor de proteína magra e carboidratos complexos, por isso vai estimular o crescimento e a recuperação muscular. Também lhe dará um impulso de energia enquanto você estiver treinando, se for bebido meia hora antes.

Preparação:

Misture todos os ingredientes no espremedor ou liquidificador a alta velocidade e, em seguida, desfrute de um delicioso shake.

Ingredientes:

* ½ xícara de Amendoim
* 1/2 Banana
* 1 Copo de leite Desnatado
* 1/4 xícara flocos de Aveia
* Pitada de sal

Dados Nutricionais:

* Calorias: 230
* Proteínas: 18g
* Carboidratos: 12g
* Gordura: 5g

Shake de Cenoura e Abacaxi

Este shake pode parecer um pouco estranho, mas acredite, é bom para você e para o seu corpo. Você pode remover ou diminuir as porções de alguns dos ingredientes dependendo da sua preferência já que esta mistura é bem diferente de outras que já vimos.

Preparação:

Misture todos os ingredientes no espremedor ou liquidificador a alta velocidade e, em seguida, desfrute de um delicioso shake.

Ingredientes:

* 1 copo de leite com chocolate
* ¾ copo cenoura desfiada
* 10 pedaços de abacaxi congelado
* 2 colheres de chá de coco ralado não açucarado
* 1 colher de chá de baunilha

Dados Nutricionais:

* Calorias: 220
* Proteínas: 21g
* Carboidratos: 13g
* Gorduras: 13g

SE VISUALIZAR DEPOIS DO ALMOÇO

Shake de Mirtilo e Maçã

A manutenção de um alto nível de energia é o objetivo deste shake. Ele também irá fornecer-lhe algumas proteínas magras que irão ajudá-lo, mesmo se você estiver um pouco cansado ou simplesmente quiser pegar mais duro nesse dia.

Preparação:

Misture todos os ingredientes no espremedor ou liquidificador a alta velocidade e, em seguida, desfrute de um delicioso shake.

Ingredientes:

* 1/2 maçã pequena cortada em pedaços pequenos (com a pele)
* 1/2 xícara de cerejas (escuras, doces, sem caroço)
* 1/2 xícara de mirtilos
* 1/2 xícara de soro ou proteína do leite

Dados Nutritionais:

* Calorias:300
* Proteínas: 39g
* Carboidratos: 18g
* Gorduras: 5g

Shake de Cereja e Banana

Dois ingredientes muito saborosos em um shake que vai lhe dar muita energia. Cerejas e bananas são uma excelente fonte de fibra que o seu corpo precisa quando está tomando grandes porções de proteína. Experimente esta bebida antes de cada sessão de treinamento, de noite ou de dia.

Preparação:

Misture todos os ingredientes no espremedor ou liquidificador a alta velocidade e, em seguida, desfrute de um delicioso shake.

Ingredientes:

* 1/2 xícara de cerejas (escuras, doces, sem caroço)
* 1/2 xícara de banana
* 1/2 xícara de soro de leite ou proteína do leite

Dados Nutricionais:

* Calorias: 300
* Proteínas: 39g
* Carboidratos: 18g
* Gorduras: 5g

Shake Ovo-Mania

O grão-de-bico dá uma tonalidade verde, mas não lhe alterar o sabor em nada. Esta é uma excelente combinação de proteínas e carboidratos.

Preparação:

Misture todos os ingredientes no espremedor ou liquidificador a alta velocidade e, em seguida, desfrute de um delicioso shake.

Ingredientes:

* 4 claras
* 1 banana
* 1/4 xícara de grão-de-bico
* fatias de abacaxi
* Leite de coco
* Extrato de coco pode ser adicionado

Dados Nutricionais:

* Calorias: 280
* Proteínas: 25g
* Carboidratos: 40g
* Gorduras: 4g

Shake de Mel com Alto Teor de Proteína

Aumente o seu desempenho na academia, aumentando a quantidade de proteína que toma diariamente. Este shake é concentrado em proteína e concentrado no sabor.

Preparação:

Misture todos os ingredientes no espremedor ou liquidificador a alta velocidade e, em seguida, desfrute de um delicioso shake.

Ingredientes:

* 1/2 copo de água
* 1 colher de Whey (Proteína do soro de leite) ou de leite em pó
* 2 colheres de sopa de mel
* 1 colher de sopa de Manteiga de Amendoim light

Dados Nutricionais:

* Calorias:114
* Proteínas: 34g
* Carboidratos: 5.2g
* Gorduras: 4.5g

Shake Mix de Frutas

Esta receita de shake pode facilmente substituir o seu café da manhã, pois tem uma porção saudável de alimentos para nutrir o seu corpo. Possui muitos dos nutrientes que seu corpo precisa para ter um bom começo de manhã. Proteínas e carboidratos estão incluídos nesta receita para lhe dar energia e força durante o treinamento.

Preparação:

Misture todos os ingredientes no espremedor ou liquidificador a alta velocidade e, em seguida, desfrute de um delicioso shake.

Ingredientes:

* 1/2 xícara de morangos picados

* 1 maçã pequena

* 1 ameixa pequena

* 1 copo de leite com chocolate

* 1 colher de sopa de manteiga de amendoim light

Dados Nutricionais:

* Calorias: 700

* Proteínas: 46g

* Carboidratos: 90g

* Gordura: 20g

Shake de Chocolate

Uma ótima maneira de combinar uma barra de chocolate negro com os ingredientes certos, para obter um shake que potencializará o seu desempenho na academia e ganho muscular.

Preparação:

Misture todos os ingredientes no espremedor ou liquidificador a alta velocidade e, em seguida, desfrute de um delicioso shake.

Ingredientes:

* 1 barra de chocolate negro
* 4 ovos
* 3 xícaras de Leite
* 1 colher de Whey (Proteína do Soro de Leite)

Dados Nutricionais:

* Calorias: 290
* Proteínas: 45g
* Carboidratos: 37g
* Gorduras: 19g

Shake Sabor a Tudo

Esta receita de shake é uma excelente fonte de fibra que seu corpo precisa. Está repleta de nutrientes e vitaminas que lhe darão mais energia e mais vitalidade.

Preparação:

Misture todos os ingredientes no espremedor ou liquidificador a alta velocidade e, em seguida, desfrute de um delicioso shake.

Ingredientes:

* 4 Uvas sem sementes
* Amoras, frescas, 0.5 g
* Mirtilos, frescos, 25 bagas
* Morangos, frescos, 0.5 g
* Abacaxi, fresco, 1 fatia fina (9 cm de diâmetro x 1 cm de espessura)
* Maçãs, frescas, 10 g
* Iogurte natural, baixo teor de gordura, 1/2 recipiente (12 cl).
* Couve, 0,5 g
* Laranjas, 0,5 g

Dados Nutricionais:

* Calorias: 280

* Proteínas: 48g

* Carboidratos: 31g

* Gorduras: 4.2g

Shake Vamos Acordar

Aqui está o modo como você deve começar o dia; energia é a palavra que definirá este shake, mas não pense que também não é bom para ganhar massa muscular, porque você estaria errado.

Preparação:

Misture todos os ingredientes no espremedor ou liquidificador a alta velocidade e, em seguida, desfrute de um delicioso shake.

Ingredientes:

* 1 banana fresca, média

* 2 doses (60 g) de flocos de aveia

* 1-2 colheres de sopa de manteiga de amendoim, tipo light

* 1 copo (250 ml) de iogurte, desnatado, baixo teor de gordura (0% - 1,5% gordura)

* 1/2 colher de sopa (ou menos) de canela em pó

Dados Nutricionais:

* Calorias: 650

* Proteínas: 28g

* Carboidratos: 85g

* Gorduras: 10g

SE VISUALIZAR DEPOIS DE JANTAR

Shake Mango Tango

Este é um ótimo shake que você pode adicionar a outros e tomar assim dois shakes por dia, uma vez que é concentrado em fibras e pobre em gordura. Este shake light irá ajudá-lo a combater qualquer cansaço na academia e melhorará o seu desempenho.

Preparação:

Misture todos os ingredientes no espremedor ou liquidificador a alta velocidade e, em seguida, desfrute de um delicioso shake.

Ingredientes:

* 2 morangos grandes, frescos ou congelados
* 1 xícara de suco de laranja
* 1/2 manga, fresca ou congelada
* 1 colher de Proteína de Leite em Pó

Dados Nutricionais:

* Calorias: 250
* Proteínas: 30.5 g
* Carboidratos: 52g
* Gorduras: 8.4g

Shake Abacaxi Tangerina

Para ganhar músculo, não há nenhum segredo; você tem que treinar e comer direito! Você terá de fazer um grande esforço se não tiver energia suficiente durante o treinamento e é por isso que a adição de ingredientes que lhe dão impulso, fazem toda a diferença quando se tenta desenvolver músculos mais fortes.

Preparação:

Misture todos os ingredientes no espremedor ou liquidificador a alta velocidade e, em seguida, desfrute de um delicioso shake.

Ingredientes:

* 1/2 xícara de abacaxi, pedaços congelados

* 1/2 xícara tangerina, enlatada

* 2 colheres de chá de mel

* 1 colher de Whey (Proteína do Soro de Leite)

Dados Nutricionais:

* Calorias: 150

* Proteínas: 39g

* Carboidratos: 17g

* Gordura: 11g

Shake de Maçã e Manteiga de Amendoim

Os shakes podem ser uma excelente fonte de calorias e energia que são necessárias para aumentar a massa muscular. Esta receita de um shake delicioso é feita para ajudá-lo no ganho muscular e na manutenção de um alto nível de energia.

Preparação:

Misture todos os ingredientes no espremedor ou liquidificador a alta velocidade e, em seguida, desfrute de um delicioso shake.

Ingredientes:

- 3/4 xícara de iogurte natural ou iogurte de baunilha
- 2 colheres de sopa de Manteiga de Amendoim
- 1 Banana
- 1/8 xícara de leite
- 3/4 xícara de gelo
- 1 maçã

Dados Nutricionais:

- Calorias: 440
- Proteínas: 22g
- Carboidratos: 50g
- Gordura: 19g

Super Shake de Banana

O leite de amêndoa e a baunilha vai fazer deste um excelente shake de proteínas. Ele promove o crescimento da massa muscular sem abalar sua dieta. Você pode reduzir ou eliminar a canela para que fique a seu gosto.

Preparação:

Misture todos os ingredientes no espremedor ou liquidificador a alta velocidade e, em seguida, desfrute de um delicioso shake.

Ingredientes:

- 1/2 xícara de leite de amêndoa e baunilha
- 1/2 xícara de água
- 1/2 de banana
- Pitada de canela
- 1 colher de pó de proteína de baunilha

Dados Nutricionais:

- Calorias: 350
- Proteínas: 43g
- Carboidratos: 25g
- Gorduras: 5g

Shake Poder de Aveia Escura

A combinação de chocolate negro, queijo cottage, e farinha de aveia aumentará o seu desenvolvimento muscular, e lhe dará o impulso de energia que você estava procurando na academia, ao mesmo tempo que melhora a digestão e reforça o seu coração.

Preparação:

Misture todos os ingredientes no espremedor ou liquidificador a alta velocidade e, em seguida, desfrute de um delicioso shake.

Ingredientes:

* 1/2 xícara de queijo cottage (ou 1 copo de iogurte Grego)
* 1/2 - 1 xícara de água (dependendo da espessura desejada) ou leite
* 10g de chocolate negro
* ½ xícara de aveia crua
* 1/2 de banana

Dados Nutricionais:

* Calorias: 150
* Proteínas: 40g
* Carboidratos: 20g
* Gordura: 8g

Shake de Proteína de Leite

Para ganhar e manter seus músculos você precisa aumentar o consumo de carboidratos e proteínas, para ter a energia necessária para trabalhar duro, e para ter os ingredientes que permitem que seus músculos se desenvolvam plenamente.

Preparação:

Misture todos os ingredientes no espremedor ou liquidificador a alta velocidade e, em seguida, desfrute de um delicioso shake.

Ingredientes:

- 1 colher de proteína de leite em pó
- 1/2 bananas
- 1/2 xícara de amêndoas fatiadas
- 240 ml leite
- 3 cubos de gelo

Dados Nutricionais:

- Calorias: 335
- Proteínas: 31g
- Carboidratos: 25g
- Gordura: 18g

Shake de Abacate

Shakes de proteína com legumes são incomuns, mas deveriam ser mais frequentes devido à valorização que eles trazem para sua dieta e para o seu corpo. O abacate é considerado por alguns como um "super-alimento" e é ótimo para o seu corpo.

Preparação:

Misture todos os ingredientes no espremedor ou liquidificador a alta velocidade e, em seguida, desfrute de um delicioso shake.

Ingredientes:

* 1/2 abacate
* 1 colher de sopa de coco ralado
* 1 xícara de leite de amêndoas
* 1 colher Whey (Proteína de Soro de Leite)

Dados Nutricionais:

* Calorias: 300
* Proteínas: 35g
* Carboidratos: 20g
* Gordura: 8g

CAPÍTULO 7: TÉCNICAS DE VISUALIZAÇÃO PARA OBTER MELHORES RESULTADOS NO FISICULTURISMO

Existe maneira certa ou errada de visualizar?

Não há uma maneira certa ou errada de visualizar. Você deve procurar aquela que melhor se adapta a você. Crie o ambiente correto para visualizar que permita abranger novos horizonte e amplificar as possibilidades, através das técnicas corretas. Certifique-se que você encontre um lugar confortável para começar. Seja sentado ou deitado em uma cadeira confortável, tapete ou toalha usados na meditação.

Quando você visualiza, está levando a meditação para um nível superior e usará muitas dessas coisas no processo de meditação.

Três principais tipos de técnicas de visualização:

Existem muitos tipos de visualização que podem ser executadas. Os três tipos mais comuns são visualizações motivacionais, visualizações de solução de problemas e visualizações orientadas para metas.
Os atletas de todos os ramos comumente usam visualizações de uma forma ou de outra; muitas vezes, mesmo sem saber o que elas estão fazendo por eles. Para

alguns, isso é feito acordado, por isso é conhecido como o dia dos sonhos e para outros pode acontecer em seus sonhos, mas sem nenhum controle sobre o resultado.

Quando você está visualizando você tem o controle de tudo o que está vendo em sua mente e pode projetar o início e o fim da maneira que quiser. Ser criativo é útil uma vez que as coisas nem sempre saem da maneira que planejamos para elas na vida real, mas ao estar preparado mentalmente e emocionalmente para todos os resultados possíveis, as coisas se tornam mais fáceis de lidar quando chega a hora de executar. O pico de desempenho é um termo usado quando você está "na zona" e no seu melhor. É mais fácil treinar quando você está em seu pico e preparou sua mente através de visualizações.

Por que visualizar para se motivar?

Algumas pessoas têm dificuldade em encontrar a motivação certa para fazer o que eles deveriam estar fazendo quando estão sob pressão, ao invés disso ficam intimidadas pelas pessoas que estão a observá-las. Ao motivar-se através de visualizações dizendo-se a si mesmo para fazer o melhor, impulsionando-se firmemente, então você visualiza os pensamentos que deseja realizar em sua mente e eles irão desbloquear as possibilidades cerebrais para vencer o medo, a ansiedade, o nervosismo e a pressão envolvida enquanto compete.

O que são as visualizações de solução de problemas?

As visualizações de solução de problema são uma forma comum de treinamento mental e pode ser a mais útil de todas as técnicas de visualização. Muitas vezes, os atletas se acham cometendo os mesmos erros repetidamente e por isso encontram sempre o mesmo resultado. Isso acontece porque eles precisam gastar algum tempo analisando a situação procurando todas as soluções possíveis para seus problemas. Ao encontrar um simples tempo para visualizar, será um tempo bem gasto, quando você precisar resolver um problema específico. Ter muitas distrações durante o dia, tanto mental como visual, pode retardar a velocidade na qual você pode encontrar uma solução para algo que gostaria de corrigir. Pode ser um hábito que tenha formado e que não consegue se livrar. Também pode ser que você tenha agido errado na hora errada. Outras vezes, pode ser que você perca a paciência ou seja muito emocional quando precisa manter a calma. Há muitas situações possíveis em que um atleta pode estar e não sabe como abordá-las, e esta pode ser a principal razão de seu sucesso estar atrasado ou nunca ter existido.

O primeiro passo é encontrar o tempo para resolver e visualizar problemas.

O segundo passo para a solução de problemas é determinar qual é o problema e como ele afeta você.

O terceiro passo é encontrar soluções alternativas que podem levá-lo na direção certa ou que podem eliminar o problema. Em alguns casos, você pode ter que pedir a outras pessoas que tenham estado em situações similares e descobrir como elas abordaram este problema e se a sua solução é uma opção para você.

O quarto passo é visualizar como você executará fisicamente esta solução e torná-la tão vívida e real quanto puder.

O quinto passo é fazer correções quando você viu mentalmente que não vai funcionar e encontrar uma alternativa. Você também pode aplicar simplesmente a solução na vida real, e se ela não funcionar, volte a visualizar mais tarde para encontrar uma solução melhor. Isto é mais que um método de técnica de visualização de "tentativa e erro", mas pode ser usado como uma ferramenta prática para você chegar lá, combinando-o com visualizações.

O que são visualizações orientadas em objetivos ?

As visualizações orientadas em objetivo são imagens mentais e vídeos que você deseja criar em seu cérebro, quando está visualizando com o foco de alcançar um objetivo específico. Isso pode ser: vencer uma competição, melhorar o seu tempo recorde, treinar mais horas por dia, acrescentar "X" quantidade de proteína em sua dieta, não se cansar tanto (algumas delas são metas baseadas em resultados e algumas são metas baseadas em desempenho. Ambas são importantes ao planejar sua sessão de visualização e futuro progresso como atleta).

É para que você treina fisicamente. Para ver os resultados no final de todo o trabalho duro. Usar visualizações completa o treinamento, fazendo a última e mais importante parte do preparo para a competição. Você prepara o corpo e a mente para trabalharem em sua melhor performance quando você mais conta com eles. Nutrição e treinamento físico irão preparar o seu corpo. Meditação, técnicas de respiração e visualizações irão preparar o seu cérebro. A combinação de ambos lhe darão maior vantagem competitiva e é isso que você quer.

CAPÍTULO 8: TÉCNICAS DE VISUALIZAÇÃO: VISUALIZAÇÕES MOTIVACIONAIS

Aprendendo a se inspirar

Ficar inspirado vendo-se bem sucedido através de visualizações é uma ótima imagem a se experimentar, e um maravilhoso efeito que visualizar de pode criar em sua vida. Aprenda a se inspirar e acredite que as coisas são possíveis em sua vida, por que elas são. Atletas muitas vezes limitam-se porque não sonham suficientemente grande. Com um pouco de planejamento e um pouco de disciplina muitas coisas são possíveis, não importa o quão difícil possa parecer.

O que são visualizações motivacionais?

Visualizações motivacionais são as imagens mentais que você criará, na qual você se vê confiante, radiante e bem sucedido. Inspirar-se através de uma autoimagem positiva amplificada é poderoso, e pode ter efeitos em cascata em outras partes de sua vida.

Você deve imaginar a si mesmo alcançando um objetivo na visualização.

Estas são algumas perguntas que você deve perguntar a si mesmo enquanto se prepara para realizar visualizações motivacionais:

- Como você gostaria de se vestir para competir se pudesse escolher qualquer uniforme, roupa ou adorno?

- Como você caminharia antes de competir se tivesse toda a confiança do mundo?

- Qual seria o ambiente perfeito para você competir?

- Que expressões faciais você teria se fosse vencer?

- Como você ficaria se perdesse 5 quilos de gordura e fosse mais magro, mais rápido e mais explosivo?

- Como você ficaria sentindo-se confiante?

- O que você faria se ganhasse a competição ou alcançasse seu objetivo?

Ao ver a si mesmo bem sucedido com o objetivo que você está tentando construir o desejo de alcançá-lo, então você se esforça o máximo possível para chegar lá. Ter uma forte vontade para alcançar seus objetivos vai aumentar suas chances para desbravar mentalmente a vitória e fará a verdadeira vitória possível.

Visualizações motivacionais podem ser usadas para diferentes propósitos em sua vida pessoal e podem melhorar o seu desempenho global em sua vida atlética; especialmente se você está tentando deixar um vício como o tabagismo, álcool, raiva ou medo incontrolável, comer de mais, festas, jogos de azar, etc...

CAPÍTULO 9: TÉCNICAS DE VISUALIZAÇÃO: VISUALIZAÇÃO PARA SOLUÇÃO DE PROBLEMAS

As visualizações devem ser feitas corretamente e dirigidas para as melhores técnicas de solução de problemas. Por esta razão, determinar o que irá funcionar melhor é o passo mais importante. Por esta razão, vamos ver como a maioria dos atletas faz a abordagem de seus problemas.

Como a maioria dos atletas faz a abordagem para a solução de problemas?

Há muitas maneiras que os atletas abordam seus problemas e tentam resolvê-los. "Tentativa" é a palavra-chave.
Estes são os exemplos mais vistos frequentemente de como os atletas abordam a solução de problemas:

A solução da raiva

Eles ficam com raiva de seus problemas e se sentem frustrados a tal ponto que seu cérebro ajuda em pouco ou em nada, porque eles estão dominados por suas emoções negativas.
A raiva é uma reação emocional que é normal e comum, mas não necessariamente uma solução que trará resultados positivos. Ao tentar resolver os seus problemas, as emoções precisam ser postas de lado para que você

possa se concentrar melhor no problema real que precisa ser tratado.

Gerenciar a raiva é difícil para alguns e pode levar algum tempo para superar, mas atividades específicas, tais como visualizações, meditação e yoga são uma ótima maneira de começar.

A solução da "culpa do jogo"

Atletas que culpam os outros por seus erros ou problemas conscientemente, se esforçam para não se culpar. Culpar os outros por seus erros ou problemas é a maneira mais fácil de justificar a falta de sucesso, mas não resolve o problema.

Outros culpam seus equipamentos e/ou ambiente, sem considerar que as mudanças no clima e arredores, afetará todos os concorrentes e não apenas eles. Culpar simplesmente a falha do equipamento, não é o que deve ser focado, uma vez que o preparo adequado pode facilmente resolver esse problema. Às vezes, o equipamento pode não ser responsável por todas as falhas, e é apenas uma maneira de culpar algo diferente de si mesmo. Assumir a responsabilidade por suas ações é o mais difícil, mas a maneira mais produtiva para avançar para uma solução real.

A solução das "queixas"

As queixas e reclamações fazem sua voz ser ouvida por outras pessoas e por si mesmo, mas apenas retarda o resultado inevitável do fracasso, uma vez que não estão sendo tomadas medidas para remediar a situação. Lamentar começa em uma idade jovem, quando você não consegue o que quer, mas a pior coisa que pode acontecer é dar o que você está reclamando, pois isso não permite que você resolva o problema corretamente.

Aprender a lidar com um desempenho negativo deve ser um elemento-chave no desenvolvimento de resistência mental. Tornar-se mentalmente forte não acontece porque você teve um caminho fácil para o sucesso. Isso vem normalmente por não ceder a resultados negativos e ao fracasso.

A solução do "parar de tentar "

Não fazer qualquer esforço para ter sucesso e, basicamente, desistir é uma escolha que alguns atletas fazem, mas não é algo para se orgulhar, pois existem tantas outras opções melhores. Treinar seu cérebro para encontrar alternativas para o sucesso em vez de desistir, será sempre um caminho melhor e mais proveitoso.

A solução da "reincidência"

O atleta reincidente é aquele que continua cometendo o mesmo erro repetidamente esperando um resultado diferente. Todos nós fomos vítimas desse erro mental, mas ele pode se tornar um ponto de virada para aqueles que reconhecem esta falha e querem fazer uma verdadeira mudança em seus resultados.

Simplesmente mudar a maneira como você resolve o seu problema já é uma melhoria, mesmo que isso não seja uma direção precisa para seguir, mas é um caminho diferente, e um caminho diferente vai lhe dar uma chance de mudar as coisas.

A solução da "tentativa e erro"

A solução da "tentativa e erro", é simplesmente tentar novas abordagens para o seu problema e ver se elas são uma solução para ele. A consequência será que você acabará por encontrar a solução certa para o seu problema, mas isso pode levar muito mais tempo do que você gostaria ou mais tempo de que dispõe.

Esta é uma abordagem muito melhor do que as últimas soluções referidas, mas você pode aprender a fazer escolhas ainda melhores, separando determinados fatores e condições de suas opções, e isso é o que veremos a seguir.

A solução da "melhor probabilidade"

Quando estamos resolvendo problemas, todos nós sabemos que temos alternativas e escolhas que podemos fazer para encontrar uma solução, mas sabendo que uma delas será mais útil, vale a pena visualizar na mais importante.

Usar probabilidades ajudará a quantificar o que você está tentando resolver em sua mente.

Por exemplo, se você acha que toda vez que você se aquece, começa a ficar nervoso, mas não sabe porquê. Eventualmente, uma vez que você tenha completado o seu aquecimento, então o nervosismo vai embora e você se sentirá bem. Agora você sabe que focar a visualização no seu desempenho real só conta menos de 10% do problema, então saberá que o aquecimento é 90% do seu real problema. Você pode trabalhar em seu desempenho mental, mas encontrar uma solução para o seu problema de aquecimento irá lhe fornecer resultados mais valiosos, uma vez que é responsável por 90% de seu problema, e irá resultar em uma melhoria de 90% no seu desempenho global.

Outro exemplo seria, se você acha que toda vez que está em uma situação de pressão você congela e tem baixa performance. Esse momento chave conta como 100% de seus resultados com base em performances passadas. Uma vez que vai representar a maior mudança no que você quer alcançar, você deve concentrar 100% de suas sessões de visualização na busca de soluções para esse momento chave. Dessa forma, você será mais produtivo com seu tempo.

Incidindo sobre o que mais importa fará a maior mudança; por isso aprender a se concentrar e direcionar suas visualizações no que irá ajudá-lo mais e não em problemas sem importância , mesmo se não resolvidos, criará uma verdadeira melhoria em seus resultados.

CAPÍTULO 10: TÉCNICAS DE VISUALIZAÇÃO: VISUALIZAÇÃO ORIENTADA PARA METAS

Metas baseadas no desempenho versus metas baseadas em resultados

Antes de iniciar qualquer visualização orientada em objetivo, você deve ter uma imagem clara do que você quer ganhar ao visualizar e qual será o melhor caminho para chegar lá.

O que são metas baseadas no desempenho?

Metas baseadas no desempenho são metas simples que podem ser alcançadas por fazer coisas que você sabe que precisa fazer para ser bem sucedido. Estas podem ser físicas ou mentais. Não olhar para a competição, a família e os amigos durante uma performance, é um grande exemplo de meta baseada no desempenho que você pode ter para si mesmo. Se for capaz de atingir essa meta depois de competir, então você cumpriu o que se propôs a fazer e estará muito mais perto de alcançar suas metas com base em resultados.

Outro exemplo de meta baseada em desempenho é focar em manter a calma e a respiração durante uma competição. Alcançar essa meta no final será o seu objetivo. Alcançar esse objetivo vai ajudá-lo a chegar muito mais perto de ser bem sucedido e de realizar o seu potencial. É um objetivo simples e fácil de obter, do qual você tem 100% de controle. Se você não conseguir da primeira vez, sabe que se continuar tentando, acabará chegando lá, e pode então criar uma meta baseada em um novo desempenho, mais difícil ou diferente.

Estes são outros exemplos de metas de desempenho que os atletas podem ter:

- Fazer uma flexão a mais todos os dias.
- Alongar-se por 10 minutos todo dia.
- Inspirar e expirar sob pressão.
- Concentrar seus olhos na tarefa a fazer e não no ambiente.
- Manter-se calmo quando tiver baixo desempenho.
- Ficar energizado quando sentir que está congelando em situações difíceis.

Você pode criar seus próprios objetivos com base no desempenho e torná-los mais difíceis se quiser, desde que sejam atingíveis.

Quais são as metas baseadas em resultados ?

Metas baseadas em resultados, são objetivos que você faz para si mesmo e que estão focados em resultados finais e não no processo para chegar lá. Alguns exemplos de uma meta baseada em resultados : vencer, chegar à final de uma competição, levantar "x" de peso, ter o melhor tempo, terminar em primeiro lugar, etc... Os atletas podem ter diferentes metas e ainda assim, alcançar o mesmo objetivo.

Alguns exemplos de metas com base em resultados que os atletas podem ter são:

- Ganhar 5 campeonatos antes do final do ano.
- Quebrar um recorde mundial.
- Terminar em primeiro lugar no seu país.
- Ganhar a sua primeira medalha ou troféu.
- Ajudar sua equipe a chegar à sua primeira final.
- Saltar mais alto do que jamais saltou antes.
- Executar o seu melhor tempo.
- Nadar mais distante do que antes.
- Alcançar a linha de chegada antes de todos.

Metas com base em resultados, são o resultado das metas de desempenho consistentes, organizadas e aumentadas gradualmente.

Ao fazer visualizações você precisa visualizar o sucesso em ambas as metas, com base no desempenho e nos resultados a alcançar. Você pode alternar dias para se concentrar em uma e depois em outra , ou simplesmente se ater a metas de desempenho em primeiro lugar e quando sentir que está confortável para alcançá-las, pode passar para as metas de resultados.

Ter metas é a chave para avançar e deve ser visualizada, pelo menos, uma vez por semana para que você tenha uma imagem clara do que está trabalhando para alcançar. É a melhor maneira de seguir em frente e ver a si mesmo avançando no processo. Sem objetivos, você não terá um caminho a seguir para o sucesso. Trace esse caminho em sua mente através de suas visualizações e depois transforme-o em realidade, colocando-o em prática ao treinar ou competir.

CAPÍTULO 11: VISUALIZAÇÃO PARA MAXIMIZAR OS RESULTADOS NO FISICULTURISMO

Quando você medita e deseja alcançar o máximo de resultados, você terá que seguir estes passos exatos de cada vez. Se você alterar ou eliminar qualquer passo, você vai acabar mudando o resultado da sessão de meditação.

Estes passos são:

1º : Encontre um lugar calmo onde você não será perturbado.

2º : Coloque um tapete, toalha, cobertor, ou cadeira onde você está planejando meditar.

3º : Certifique-se de que você teve uma refeição leve ou lanche cerca de uma hora antes de meditar.

4º : Escolha uma posição na qual você vai se sentir confortável durante toda a sessão. Isto poderia ser : sentado em uma cadeira, deitado em uma esteira, sentado na posição birmanesa, Lotus ou borboleta, de joelhos sobre um tapete, ou em qualquer outra posição de meditação confortável mencionada antes.

5º : Comece o seu padrão de respiração. Se você quer se acalmar e relaxar, deve escolher expirar mais ar do que inspirá-lo (exceto se você estiver fazendo a meditação mindfulness pois nela você não deve tentar controlar a sua respiração, em vez disso deve simplesmente sentir o ar entrando em seus pulmões e, em seguida, saindo para o ambiente ao redor). Por exemplo, inspire durante 4 segundos e depois expire por 6 segundos. Quando você tentar energizar-se, e se sente muito relaxado ou acabou de acordar, você iria inspirar mais ar do que expirar em uma razão específica, na qual você pode decidir de antemão. Por exemplo, inspire por 5 segundos e expire por 3 segundos. Lembre-se de que cada sequência de respiração deve ser repetida por pelo menos 4-6 vezes para permitir que a sua respiração desacelere sua mente e o leve a um estado de calma melhor para meditar. Para todos os padrões respiratórios você vai inspirar pelo nariz e expirar pela boca, exceto para a meditação mindfulness que será sempre através do seu nariz, pois o foco não é a sua respiração.

6º : Uma vez que você tenha completado os seus padrões de respiração da maneira explicada no capítulo técnicas de respiração, você deve começar a se concentrar em algo que quer obter, alcançar, ou simplesmente visualizar na sua mente. Concentre-se nisso durante tanto tempo quanto possível. Sessões curtas lhe darão resultados menos duradouros, enquanto que sessões mais longas tendem a ajudá-lo a manter o nível de concentração, mesmo depois de você terminar de meditar. Todos os atletas sabem que, quando é hora de treinar, (especialmente quando sob pressão), eles precisam manter o foco e serem capazes de fazer isso por um longo período de tempo sem perder a concentração, o que lhes permite superar a concorrência. **Esta é a diferença entre os campeões e o resto!**

7º : Este pensamento deve agora evoluir para um curto ou longo clipe de vídeo mental, daquilo que você está criando em sua mente, para ajudá-lo a conseguir o que você deseja em sua mente em primeiro lugar, com o objetivo de, eventualmente, fazer acontecer em uma situação da vida real. Seja o mais específico possível e fique relaxado no processo. Esta sétima etapa adiciona visualização ao processo, mas não há nada de errado com isso, pois só poderá beneficiá-lo, e é necessário se você só quiser mantê-lo simples.

8º : Os atletas precisam usar a respiração para concluir suas sessões de meditação, para terminar como começaram. Se você não tiver que competir no mesmo dia, pode usar padrões de respiração lenta, como no exemplo abaixo:

Padrão normal de respiração lenta: Comece tomando ar pelo nariz lentamente e conte até 5. Em seguida, solte lentamente em contagem regressiva de 5 a 1. Você deve repetir este processo de 4 a 10 vezes até que se sinta completamente relaxado e pronto para meditar. Os atletas devem se concentrar em inspirar pelo nariz e expirar pela boca para este tipo de técnica de respiração. Se você tem que competir no mesmo dia, você deve energizar o corpo e a mente no final, usando padrões de respiração rápidos, conforme abaixo:

Padrão normal de respiração rápida: Comece tomando ar pelo nariz lentamente e contando até 5. Em seguida, solte lentamente em contagem regressiva de 3 a 1. Você deve repetir este processo de 6 a 10 vezes até se sentir completamente relaxado, mas energizado. Os atletas devem se concentrar em inspirar pelo nariz e expirar pela boca para este tipo de padrão de respiração.

CAPÍTULO 12: SESSÃO DE VISUALIZAÇÃO MOTIVACIONAL PARA FISICULTURISMO

Para começar a sua sessão:

Para começar a sua sessão, tenha em mente qual vai ser o tema principal de sua sessão de visualização. Nesse caso nós vamos começar com algo que você nunca pode alcançar, como chegar no topo de uma montanha, terminar uma corrida antes de um determinado tempo, pular muito mais alto do que pode ou nadar 50 voltas sem um intervalo. A visualização deve ser usada para melhorar seus treinos assim como sua atuação nas competições.

Dia e hora: Sábado de manhã, uma hora antes de começar sua rotina de treino físico. (Preparar um calendário de treinos para planejar suas sessões lhe ajudará a ser mais consistente e lhe motivará à medida que você repete suas sessões).

Local: Deitado em um tapete de yoga em um cômodo escuro da casa.

Equipamento: Toalha, água, roupas confortáveis e tapete de yoga.

Preparação: Antes de começar essa sessão eu tomei uma vitamina de morango com manga com iogurte de baixa caloria. Além da vitamina eu fiz alguns alongamentos para me colocar minha mente no estado correto e trabalhei focado na minha respiração.

A sessão de visualização começa (vou usar como exemplo, como se eu estivesse visualizando. Mesmo que eu use a palavra "eu" frequentemente, isso é necessário para te ajudar a entender o que estou sentindo e tentando fazer acontecer com essa rotina):

Eu começo minha sessão de respiração com o padrão 3-6, inspirando por 3 segundos pelo meu nariz e expirando o ar vagarosamente através da minha boca por 6 segundos. Eu repeti isso 4 vezes para ter a certeza de que meus batimentos cardíacos diminuiriam e eu pudesse me relaxar.

Enquanto estou deitando, eu movimento meus dedos dos pés, já descalços, então passo para as panturrilhas focando em eliminar toda a tensão. Após isso, continuo através das minhas coxas e glúteos, e relaxo eliminando toda a tensão acumulada.

Eu sigo respirando devagar e profundamente no mesmo padrão e começo a perceber que minha intensidade está diminuindo, estou relaxando, então eu posso controlar melhor meus pensamentos e emoções.

Agora eu estou focando no meu estômago e eu tento integrar minha respiração com meus músculos abdominais inflando minha barriga na medida em que eu inspiro e desinflando na medida em que expiro. Após isso eu passo a expandir meus pulmões na medida em que inspiro e os contraio na medida em que expiro.

Movimento meus dedos para permitir que eles gentilmente abram minhas mãos e aceitem o momento. Meus braços e ombros começam a relaxar em direção ao chão tocando levemente o solo.

Agora, eu vou para meu pescoço e músculos adjacentes à cabeça que trabalham para manter minha cabeça firme. Eu deixo a gravidade tomar conta deles e vou inclinando para o lado até encontrar uma posição confortável para minha cabeça.

Para entrar no pensamento correto eu começo a imaginar uma paisagem que eu acho memorável e me inspira. Estou no alto de uma montanha de onde eu posso ver uma cidade inteira. A brisa é forte e agradável. Meu cabelo está se movendo para todos os lados, mas isso é tão refrescante que eu simplesmente absorvo o momento. O solo é gelado porém firme. O sentimento é liberador e inspirador. Eu vejo de longe carros e pessoas movendo-se abaixo de mim. A vista é excelente enquanto caminho pelo topo da montanha.

Agora é hora de começar a sessão de visualização.

Começo minha sessão de visualização calculando o ritmo em que devo correr, para terminar antes de um tempo específico. Eu alongo minhas pernas e dou pequenos pulos para aquecer-me. Eles se sentem preparados para alcançar o limite e todas minhas emoções e querem que isso aconteça. Eu me coloco na posição, arrumo meu cronômetro e clico em começar. Eu sei que meu corpo precisa seguir em frente para me manter no ritmo que necessito. Eu estou movimentando meus braços rápida e eficientemente, tentando coordenar cada passo que eu dou. Assim que começo a sentir-me cansado, eu sei que devo aumentar os passos, e assim chegar cada vez mais adiante com minhas pernas.

Tomo um tempo para focar no meu padrão de respiração e agora estou inspirando por 3 segundos e expirando por 3 segundos para manter minha intensidade de corrida.

Me sinto muito bem e completamente energizado. Eu confiro meu cronometro e vejo que estou alguns segundos atrás do meu ideal, então começo a correr mais rápido. Conforme eu me aproximo da linha final eu começo a arrancar para garantir que eu veja o tempo que eu espero em meu cronometro.

Eu tomo mais um tempo para focar na minha respiração; agora estou inspirando por 2 segundos e expirando por 2 segundos para manter-me na mesma intensidade.

Eu estou prestes a terminar e sinto que minhas pernas doem e estão cansadas mas eu estou muito perto, então eu não paro. Corro em direção a linha de chegada e a ultrapasso com tempo recorde. Eu sabia que eu podia fazer isso, se eu usasse todo meu esforço para fazer acontecer.

Que sentimento bom por chegar no objetivo, que para mim estava sendo tão difícil de alcançar; quanto tempo eu demorei para ver isso acontecer, mas todas essas tentativas valeram a pena nessa última corrida.

Para finalizar minha sessão de visualização eu tento controlar minha respiração adequar ao padrão de inspirar por 6 segundos e expirar por 4 segundos. Isso diminuirá meus batimentos cardíacos e me ajudará a controlar as emoções e pensamentos. Eu repito esse padrão por três vezes.

Para reiniciar meu corpo eu começo a movimentar os meus dedos dos pés outra vez, mas agora com o propósito de despertar meus sentidos. Passo para a panturrilha e partes superiores da pena e os movo gentilmente de um lado para o outro. Eu respiro novamente através do meu estômago e então inspiro expandindo-o e expiro contraindo-o. Após isso, eu sigo expandindo e contraindo meus pulmões enquanto foco no meu padrão de respiração. Meus dedos se movimentam gentilmente para despertar minhas extremidades. Meus antebraços e ombros começam a retomar força. Minha cabeça começa a voltar para o centro vagarosamente a medida em que começo a sentar em meu tapete de yoga. Agora me levanto e termino minha sessão de visualização.

Para finalizar: Quando terminar, você deve pegar o seu equipamento e anotar tudo que achou relevante para seus treinos e alguma coisa que acha que será útil durante sua competição. Pode ser simplesmente a forma em que você caminhou ou como estava vestido, para que possa se vestir como estava vestido em sua visualização, na qual alcançou seu sucesso. Planeje sua próxima sessão e defina se usará novamente os mesmos modelos e imagens mentais, ou se gostaria de partir para um próximo momento na sua mente que você julga que trará benefícios.

CAPÍTULO 13: SESSÃO DE VISUALIZAÇÃO NO FISICULTURISMO PARA A SOLUÇÃO DE PROBLEMAS

Para começar a sua sessão:

Para começar a sua sessão, você deve definir qual o problema que tentará resolver. Nós vamos focar em superar o nervosismo nos momentos decisivos da competição e superar qualquer medo ou ansiedade ao mesmo tempo.

Dia e Hora: Quarta-feira de manhã, três dias antes de minha competição (Preparar um calendário de treinos para planejar suas sessões lhe ajudará a ser mais consistente e lhe motivará à medida que você repete suas sessões).

Local: Deitado em um cobertor em uma sala escura.

Equipamentos: toalha, água, roupas confortáveis e um cobertor

Preparação: Antes de começar essa sessão eu tomei uma vitamina de coco com abacaxi e banana, adicionei também proteína do leite. Além da vitamina eu me alonguei para colocar minha mente no lugar certo e foquei em minha respiração.

A sessão de visualização começa:

Eu começo minha sessão de respiração com o padrão 3-6, inspirando por 3 segundos pelo meu nariz e expirando o ar vagarosamente através da minha boca por 6 segundos. Eu repeti isso 4 vezes para ter a certeza de que meus batimentos cardíacos diminuiriam e eu pudesse relaxar.

Enquanto estou deitando, eu movimento meus dedos dos pés, já descalços, então passo para as panturrilhas focando em eliminar toda a tensão. Após isso, continuo através das minhas coxas e glúteos, e relaxo eliminando toda a tensão acumulada.

Eu sigo respirando devagar e profundamente no mesmo padrão e começo a perceber que minha intensidade está diminuindo, estou relaxando, então eu posso controlar melhor meus pensamentos e emoções.

Agora eu estou focando no meu estômago e eu tento integrar minha respiração com meus músculos abdominais inflando minha barriga na medida em que eu inspiro e desinflando na medida em que expiro. Após isso eu passo a expandir meus pulmões na medida em que inspiro e os contraio na medida em que expiro.

Movimento meus dedos para permitir que eles gentilmente abram minhas mãos e aceitem o momento. Meus braços e ombros começam a relaxar em direção ao chão tocando levemente o solo.

Agora, eu vou para meu pescoço e músculos adjacentes à cabeça que trabalham para manter minha cabeça firme. Eu deixo a gravidade tomar conta deles e vou inclinando para o lado até encontrar uma posição confortável para minha cabeça.

Com o intuito de relaxar minha mente e pensamentos eu tento imaginar um belo lugar que me enche de humildade e gratidão. Eu estou no pé de uma cachoeira que parece calma mas ao mesmo tempo muito poderosa. A intensidade da água é irresistível e alta. E apesar de fazer um grande barulho, me acalma e me relaxa. Eu apenas sento e escuto a água cair. As plantas e árvores ao meu redor são verdes vividas e maravilhosas. Eu entro na água e me aproximo da cachoeira. A medida em que a água espirra em meu rosto eu sinto a natureza como sendo parte de minha vida de uma maneira muito importante.

Mesmo que eu prefira não deixar esse momento, é hora de avançar para a minha sessão de visualização.

Agora eu começo a sessão de visualização.

Eu estou prestes a entrar em ação, mas estou muito nervoso. Eu não sei porque, mas estou, e quero que isso vá embora. Eu olho ao redor para ver se mais alguém está com medo ou nervoso, mas vejo apenas pessoas focadas e se aquecendo. Não tenho ideia se eles estão ou não nervosos olhando apenas para sua linguagem corporal. Eu sei que estou com medo de perder, mas eu quero superar isso, porém logo vejo que aproveitar o momento facilitará as coisas, então desenho um sorriso em meu rosto e concentro-me em minha respiração, pois percebi que eu também estava prendendo a respiração.

Eu tomo um momento para focar no meu padrão de respiração e inspiro por 8 segundos e expiro por 4 segundos.

Eu quero ganhar, e sei que se eu não começar a superar meus medos e aprender a concentrar minha energia nos meus objetivos, eu não vou conseguir. Agora que me sinto mais relaxado estou pronto para começar a sentir-me mais confiante. Agora é hora de agir. Eu me impulsiono para o fim e chego ao meu alvo. A vitória é minha finalmente.

Minha abordagem em relação ao medo e ao nervosismo me ajudou a superar a dificuldade e a adversidade. Conhecer-se a si mesmo já é meia batalha ganha. A outra metade é aprender como destravar os limites que você havia estabelecido.

Para finalizar minha sessão de visualização eu tento controlar meu padrão de respiração, inspirando por 6 segundos e expirando por 4 segundos. Isso diminuirá meus batimentos cardíacos e me ajudará a controlar as emoções e pensamentos. Eu repito esse padrão por três vezes.

Para reiniciar meu corpo eu começo a movimentar os meus dedos dos pés outra vez, mas agora com o propósito de despertar meus sentidos. Passo para a panturrilha e partes superiores da pena e os movo gentilmente de um lado para o outro. Eu respiro novamente através do meu estômago e então inspiro expandindo-o e expiro contraindo-o. Após isso, eu sigo expandindo e contraindo meus pulmões enquanto foco no meu padrão de respiração. Meus dedos se movimentam gentilmente para despertar minhas extremidades. Meus antebraços e ombros começam a retomar força. Minha cabeça começa a voltar para o centro vagarosamente a medida em que começo a sentar em meu tapete de yoga. Agora me levanto e termino minha sessão de visualização.

Para finalizar: Quando terminar, você deve pegar o seu equipamento e anotar tudo que achou relevante para seus treinos e alguma coisa que acha que será útil durante sua competição. Pode ser simplesmente a forma em que você caminhou ou como estava vestido, para que possa se vestir como estava vestido em sua visualização, na qual alcançou seu sucesso. Planeje sua próxima sessão e defina se usará novamente os mesmos modelos e imagens mentais, ou se gostaria de partir para um próximo momento na sua mente que você julga que trará benefícios.

CAPÍTULO 14: SESSÃO DE VISUALIZAÇÃO NO FISICULTURISMO ORIENTADA PARA METAS

Para começar a sua sessão:

Para começar a sua sessão, você deve decidir que resultados baseados em metas quer visualizar. Nesse caso vamos começar vendo-nos vencer uma competição e levantar um troféu ou recebendo uma medalha.

Resultados baseado em metas: visualizar-me sendo confiante como o vencedor da competição

Data e hora: Sexta à noite, no dia anterior à minha competição. (Preparar um calendário de treinos para planejar suas sessões lhe ajudará a ser mais consistente e lhe motivará à medida que você repete suas sessões).

Local: Deitado sobre uma toalha em um quarto escuro.

Equipamento: toalha, água, roupas confortáveis e um ventilador (para estar bem e relaxar com o som proveniente do ventilador, mantendo-me focado). Usar o ventilador é uma opção e eu particularmente gosto, mas você pode escolher realizar sua sessão com alguma outra coisa, por exemplo escutando música clássica.

Preparação: Antes de começar essa sessão eu tomei uma vitamina de banana, coco e morango. Além disso eu pratiquei um pouco de yoga para colocar-me no estado mental apropriado, comecei então a focar em minha respiração.

A sessão de visualização começa:

Eu começo minha sessão de respiração com o padrão 3-6, inspirando por 3 segundos pelo meu nariz e expirando o ar vagarosamente através da minha boca por 6 segundos. Eu repeti isso 4 vezes para ter a certeza de que meus batimentos cardíacos diminuiriam e eu pudesse relaxar.

Enquanto estou deitando, eu movimento meus dedos dos pés, já descalços, então passo para as panturrilhas focando em eliminar toda a tensão. Após isso, continuo através das minhas coxas e glúteos, e relaxo eliminando toda a tensão acumulada.

Eu sigo respirando devagar e profundamente no mesmo padrão e começo a perceber que minha intensidade está diminuindo, estou relaxando, então eu posso controlar melhor meus pensamentos e emoções.

Agora eu estou focando no meu estômago e eu tento integrar minha respiração com meus músculos abdominais inflando minha barriga na medida em que eu inspiro e desinflando na medida em que expiro. Após isso eu passo a expandir meus pulmões na medida em que inspiro e os contraio na medida em que expiro.

Movimento meus dedos para permitir que eles gentilmente abram minhas mãos e aceitem o momento.

Meus braços e ombros começam a relaxar em direção ao chão tocando levemente o solo.

Agora, eu vou para meu pescoço e músculos adjacentes à cabeça que trabalham para manter minha cabeça firme. Eu deixo a gravidade tomar conta deles e vou inclinando para o lado até encontrar uma posição confortável para minha cabeça.

Para focar minhas ideias corretamente eu começo a imaginar uma vista que eu acho memorável e me deixa de bom humor. Eu estou na praia e está escuro, isso me permite ver a lua e as estrelas. Eu posso ouvir as ondas quebrando umas sobre as outras e ver o movimento da maré, subindo e descendo. Meus pés sentem a água morna e eu consigo ver a areia entre meus dedos. O vento está soprando gentilmente sobre meu corpo. A temperatura é ideal. Um pouco quente mas não úmida demais. É um momento que eu não quero deixar para trás. É nesse momento que você sabe que está pronto para começar a sessão de visualização.

Começo a visualizar, eu me vejo com um sorriso no rosto, mesmo que eu mês sinta cansado e suado. Os competidores me veem e reconhecem meu sucesso mas a real sensação de satisfação pessoal está sendo sentida de perto, e meu coração continua batendo forte. Minhas pernas estão tensas, eu simplesmente as balanço e caminho ao redor para aliviar a tensão. Minha família e meus amigos me felicitam pelo meu sucesso e eles estão muito orgulhosos de mim. Eu me sinto extremamente animado e inspirado pelo que acabei de conseguir.

Eu tomo um tempo para me concentrar em minha respiração, agora estou inspirando por 4 segundos e expirando por 4 segundos.

Eles chamam meu nome e meu coração para. Eu sei que eu ganhei; quero correr para receber minha premiação, porém eu simplesmente ando e aproveito o momento. Minhas roupas continuam um pouco úmidas da competição e eu continuo suando. Minha postura é reta e firme, pois eu estou orgulhoso de quem me tornei e do que consegui. Meu andar é confiante e enérgico. Minhas mãos balançam ritmicamente e minha cabeça está erguida. Como eu fui agraciado com o prêmio, eu agradeço a todos por terem permitido que eu fizesse parte dessa grande competição. Conforme caminho, mostro meu sorriso e meu prêmio para meus amigos e família.

Eu atingi meu objetivo e alcancei aquilo para qual preparei, sendo disciplinado, trabalhando duro e agindo positivamente em meus treinos.

Para finalizar minha sessão de visualização eu tento controlar meu padrão de respiração, inspirando por 6 segundos e expirando por 4 segundos. Isso diminuirá meus batimentos cardíacos e me ajudará a controlar as emoções e pensamentos. Eu repito esse padrão por três vezes.

Para reiniciar meu corpo eu começo a movimentar os meus dedos dos pés outra vez, mas agora com o propósito de despertar meus sentidos. Passo para a panturrilha e partes superiores da pena e os movo gentilmente de um lado para o outro. Eu respiro novamente através do meu estômago e então inspiro expandindo-o e expiro contraindo-o. Após isso, eu sigo expandindo e contraindo meus pulmões enquanto foco no meu padrão de respiração. Meus dedos se movimentam gentilmente para despertar minhas extremidades. Meus antebraços e ombros começam a retomar força. Minha cabeça começa a voltar para o centro vagarosamente a medida em que começo a sentar em meu tapete de yoga. Agora me levanto e termino minha sessão de visualização.

Para finalizar: Quando terminar, você deve pegar o seu equipamento e anotar tudo que achou relevante para seus treinos e alguma coisa que acha que será útil durante sua competição. Pode ser simplesmente a forma em que você caminhou ou como estava vestido, para que possa se vestir como estava vestido em sua visualização, na qual alcançou seu sucesso. Planeje sua próxima sessão e defina se usará novamente os mesmos modelos e imagens mentais, ou se gostaria de partir para um próximo momento na sua mente que você julga que trará benefícios.

Para começar sua sessão de meta baseada em performance

Para começar sua sessão, decida qual a meta baseada em performance que será alcançada e superada, que pode ser muito fácil ou muito difícil ou muito complexa ou muito simples, conforme você quiser.

Meta baseada em performance: visualizar-me sendo enérgico e movendo meus pés.

Data e hora: Segunda-feira à tarde, três dias antes de competir. (Preparar um calendário de treinos para planejar suas sessões lhe ajudará a ser mais consistente e lhe motivará à medida que você repete suas sessões).

Local: Deitado sobre uma toalha em um quarto escuro.

Equipamento: Toalha, água, roupas confortáveis e algumas músicas com sons da natureza, com chuva caindo ao fundo.

Preparação: Antes de começar essa sessão eu comi um lanche leve de proteínas e pratiquei um pouco de yoga para me preparar mentalmente e trabalhei em meu padrão de respiração.

A sessão de visualização começa:

Eu começo minha sessão de respiração com o padrão 3-6, inspirando por 3 segundos pelo meu nariz e expirando o ar vagarosamente através da minha boca por 6 segundos. Eu repeti isso 4 vezes para ter a certeza de que meus batimentos cardíacos diminuiriam e eu pudesse relaxar.

Enquanto estou deitando, eu movimento meus dedos dos pés, já descalços, então passo para as panturrilhas focando em eliminar toda a tensão. Após isso, continuo através das minhas coxas e glúteos, e relaxo eliminando toda a tensão acumulada.

Eu sigo respirando devagar e profundamente no mesmo padrão e começo a perceber que minha intensidade está diminuindo, estou relaxando, então eu posso controlar melhor meus pensamentos e emoções.

Agora eu estou focando no meu estômago e eu tento integrar minha respiração com meus músculos abdominais inflando minha barriga na medida em que eu inspiro e desinflando na medida em que expiro. Após isso eu passo a expandir meus pulmões na medida em que inspiro e os contraio na medida em que expiro.

Movimento meus dedos para permitir que eles gentilmente abram minhas mãos e aceitem o momento. Meus braços e ombros começam a relaxar em direção ao chão tocando levemente o solo.

Agora, eu vou para meu pescoço e músculos adjacentes à cabeça que trabalham para manter minha cabeça firme. Eu deixo a gravidade tomar conta deles e vou inclinando para o lado até encontrar uma posição confortável para minha cabeça.

Para colocar minhas ideias corretamente eu começo a imaginar uma vista que eu acho memorável e me deixa de bom humor.

O sol está nascendo e estou em um grande campo repleto de grama. Parece que estou no meio de uma fazenda. Tudo é verde não há construções de cimento, carros, barulho, celulares nem pessoas. Há pássaros voando ao redor e o solo está úmido. Ando sobre a grama e vejo algumas árvores à direita, são grandes e se movem com o vento. O ar está frio e seco. Levanto minha cabeça para receber o sol enquanto ele se levanta desde o solo e começa a brilhar para o mundo. Levanto meus braços e desfruto o aroma de um novo dia e uma nova oportunidade de estar vivo.

Agora estou preparado para começar minha sessão de visualização.

Minha sessão de visualização começa com barulho ao fundo e muitas distrações ao meu redor, mas eu não presto atenção. Fico relaxado ao me focar na minha respiração.

Me enfoco no padrão da minha respiração, pois agora inspiro durante 3 segundos e expiro por 3 segundos. Repito esse processo três vezes.

Ao iniciar, meu rosto começa a mostrar um animo decisivo e forte. Minha atitude é direcionada para conseguir alcançar meu propósito, não importa o que seja necessário. Movimento meus pés e sinto a energia brotando do meu corpo. Sei que meu desempenho é melhor quando meus níveis de energia são altos e estou em constante movimento, assim, estou pronto para começar. Meus reflexos estão à flor da pele e estou pronto para começar. Estou conseguindo o que me propus então eu me mantenho ativo, movendo meus pés, e sentindo-me energizado, definindo minhas emoções com uma atitude forte e confiante.

Terminei. Completei minha meta de realizar exercícios de desempenho específicos que me ajudarão a alcançar minha meta final de ser bem sucedido; coisa que só conseguirei ao melhorar meu desempenho.

Para finalizar a visualização trato de controlar minha respiração, inspirando por 6 segundos e expirando por 4 segundos. Isto ajudará diminuir meu ritmo cardíaco e controlar minhas emoções e pensamentos. Repito este padrão por três vezes.

Para reiniciar meu corpo eu começo a movimentar os meus dedos dos pés outra vez, mas agora com o propósito de despertar meus sentidos. Passo para a panturrilha e partes superiores da pena e os movo gentilmente de um lado para o outro. Eu respiro novamente através do meu estômago e então inspiro expandindo-o e expiro contraindo-o. Após isso, eu sigo expandindo e contraindo meus pulmões enquanto foco no meu padrão de respiração. Meus dedos se movimentam gentilmente para despertar minhas extremidades. Meus antebraços e ombros começam a retomar força. Minha cabeça começa a voltar para o centro vagarosamente a medida em que começo a sentar em meu tapete de yoga. Agora me levanto e termino minha sessão de visualização.

Para finalizar: Quando terminar, você deve pegar o seu equipamento e anotar tudo que achou relevante para seus treinos e alguma coisa que acha que será útil durante sua competição. Pode ser simplesmente a forma em que você caminhou ou como estava vestido, para que possa se vestir como estava vestido em sua visualização, na qual alcançou seu sucesso. Planeje sua próxima sessão e defina se usará novamente os mesmos modelos e imagens mentais, ou se gostaria de partir para um próximo momento na sua mente que você julga que trará benefícios.

CONSIDERAÇÕES FINAIS:

Visualizar fará uma mudança significativa no seu desempenho, sem levar em consideração o que você pensa sobre suas limitações. A mente não tem limites, e pode alcançar aquilo que você acha que é impossível. Você aprenderá a desenvolver suas habilidades de visualização com um pouco de prática, e descobrirá que pode ser muito divertido e alegre imaginar o que pode se tornar realidade, quando você acredita que é capaz de fazer uma mudança. Lembre que visualizar o que você quer que aconteça em sua mente, lhe mostrará o caminho para o sucesso definitivo na vida real.

OUTROS GRANDES TÍTULOS DESTE AUTOR

Criando o Fisiculturista Definitivo: Aprenda os Segredos e Truques Usados pelos Melhores Fisiculturistas Profissionais e Treinadores para Melhorar o seu Condicionamento, Nutrição e Tenacidade Mental sem Comprimidos ou Shakes

Por
Joseph Correa
Atleta Profissional e Treinador

www.ingramcontent.com/pod-product-compliance
Lightning Source LLC
Chambersburg PA
CBHW070148080526
44586CB00015B/1895